教育教学细节丛书 郑金洲主编

郑金洲 著

课堂教学的50个细节

——一个专业研究者的听课杂记

海峡出版发行集团 THE STRAITS PUBLISHING & DISTRIBUTING GROUP | 福建教育出版社

图书在版编目（CIP）数据

课堂教学的50个细节：一个专业研究者的听课杂记/郑金洲著．—福州：福建教育出版社，2011.12（2023.9重印）
（教育教学细节丛书/郑金洲主编）
ISBN 978-7-5334-5695-5

Ⅰ．①课…　Ⅱ．①郑…　Ⅲ．①中小学—课堂教学—教学研究　Ⅳ．①G632.421

中国版本图书馆CIP数据核字（2011）第269953号

教育教学细节丛书
郑金洲　主编

Ketang Jiaoxue De 50 Ge Xijie
课堂教学的50个细节
——一个专业研究者的听课杂记
郑金洲　著

出版发行　福建教育出版社
（福州市梦山路27号　邮编：350025　网址：www.fep.com.cn
编辑部电话：0591-83726908
发行部电话：0591-83721876　87115073　010-62024258）
出 版 人　江金辉
印　　刷　福建省地质印刷厂
（福州市金山工业区　邮编：350011）
开　　本　710毫米×1000毫米　1/16
印　　张　9.75
字　　数　125千字
插　　页　1
版　　次　2012年2月第1版　2023年9月第14次印刷
书　　号　ISBN 978-7-5334-5695-5
定　　价　20.00元

如发现本书印装质量问题，请向本社出版科（电话：0591-83726019）调换。

总　序

编撰一套教育细节方面的丛书，这种想法由来已久。也许我们已经熟悉了过多的对教育的宏大叙事，也许是觉得教育叙述本来就应该是着眼“大局”的，使得教育研究者很少就教育的具体细节进行深究。相对于理论研究而言，倒是在实践中，我们的老师们更关注自己的教育对象，从具体的教育行为中探寻教育的真谛。在我为数不多的听课经历中，或者在与学校管理者的交往过程中，我常常能够注意到校长和老师们确实是秉承着一种细节决定成败的理念在工作，在教学和管理实践中从大处着眼小处着手。把这些细节展示出来，把教育教学的细节把握经验提炼出来，把细节蕴含的意义揭示出来，也就成了这套丛书的主旨。

真相在细节。学校管理的情况如何？课堂教学的实际情形是怎样的？教师与学生正在进行着什么样的交往？要了解这些问题的真相，可以进行整体情况的调研，可以从各单位的汇报材料中有所知晓，可以从教师的研究论文中洞察一二，但确切的真相总是在一系列的具体细节之中的。比如，要了解一个校长是如何管理一所学校的，我们不能仅仅从其个人的理念陈述中得知，而是要观察他管理学校的一举一动，考察他的每一个细节行为，看他是如何与教师、学生进行交往的，如何处理一个又一个棘手问题的，在这个过程中，真相也就逐渐浮出水面。可以说，细节捕捉让我们在教育实践中不只是听其言，更是在观其行，而对于真相而言，“行”永远是胜于“言”的。

力量在细节。听一个故事，有细节才有感染力；求证一个事实，有细节才有说服力。把事物演进过程中的细节成分呈现出来，才能让人信服。教育教学的实际情景也是如此。一个教学模式的提出，假如仅仅是程序性行为的展现，仅仅告诉我们该模式有几个环节构成，而没有各环节操作中的注意事项，没有具体展示模式运行的细节行为，就很难为他人接纳。同样，一种教学经验的总结，假如仅仅只是告诉我们这些经验是什么，由哪些方面组成，而没有细节性的事例呈现和说明，就很难走进我们的心灵。美国哈佛大学的约瑟夫·奈教授说：体现一个国家实力的不只是强大的武装力量，而更在于这个国家有没有精彩的故事。这句话所说的“精彩”，很大程度上就是细节。

魅力在细节。法学领域中经常有这样的说法：程序是美的。我的体会，教育领域中倒是应该有这样的认识：细节是美的。为什么有的时候听完一节课以后，我们会深深为课堂上师生的行为所感染而意犹未尽？为什么有的时候走进一所学校，我们会深深为校园环境与学校实践所触动而赏心悦目？仔细追究，都是和课堂上以及学校情景中的细节行为紧密相关的。前一段时间，我在一所小学听三年级的外语课，课上，一个男孩回答问题时，与正确的答案差之甚远，课堂上同学们哄堂大笑；授课老师不经意地走到这位同学的身边，轻轻抚摸了一下这位同学的头以示关心。我注意到这节课的后半段，这位同学丝毫没有被回答问题的尴尬所影响，仍然是课堂的积极参与者。这些细节让我真切感受到了教育的无尽魅力！

问题在细节。自上世纪 90 年代以来，我们一直倡导教师要成为研究者。许多教师为找不到研究问题而苦恼。实际上，假如我们对自己从事的工作多一份细节意识，就会发现很多问题。有人说，从教师踏入学校大门的第一步到离开学校，如果从细节行为来分析，没有一时一刻不是蕴含着许多探索和研究的问题的，这话尽管有点夸张，但不无道理。当下我们大量的教育实践行为不太能经得起细节推敲，一进入细节领域，问题多多，障碍重重。总体来讲，教育中大而化之的东西还是比较多的，细节上推敲不够，把握不准，雕琢不细，从而导致教育的科学性不强，示范性不高。从细节处发现问题，研究教育教学细节，在我看来，应该成为教师从事教育研究的基本特征。

意义在细节。教育上有很多理论，教学上有很多规则，管理上也有很多规章，所有这些要求和规定只有在细节上体现时才有意义。反过来，我们在把握教育教学以及学校管理细节的时候，也要注意分析其背后的理念、理论或者理性成分。虽然不能像佛家所说的那样，要看到“一花一世界，一树一菩提”，但至少要从认知的高度对细节有可能蕴藏的意义加以考察和挖掘。也就是说，不能就细节谈细节，将细节本身作为研究和把握的重点。一般来说，细节都是有意义的，发现这些意义，就意味着对细节认识的一种深化，对于以后把握细节就多了一份认知保证。

从国人的文化传统角度来考察，我有一个不成熟也可能是不尽正确的看法，那就是我们相对于西方民族而言缺少细节思维。我们善于对事物做总体上的谋划，做全局性的思考，对目标也会下大力气去制定，但比较少地对事物做细节性处理。翻检古代教育典籍，从细节处谈教学方式方法者甚少。我们了解启发式，但不知如何操作；我们知道教学要体现艺术性，但几乎没有具体要求；我们也明了因材施教的原则，但无从下手难以实施。凡此种种，不一而足。不只是教育领域如此，其他领域大致也是如此。通过编撰一套教育类的细节丛书，当然不能扭转我们细节思维缺失的局面，但对于从事教育工作的同行来说，做细节思维的提醒还是必要的。

强调细节，并不是不关注大局、放弃宏大。事实上，细节只有在方向正确、战略明确、目标设定合理的前提下才有意义。因而，在细节的把握上，老师们不能碎片化地理解细节，而要注意把细节放在全局中去考量，这样的细节雕琢才更有意义。

郑金洲

2011 年 2 月

目　录

教师的语言行为

课堂中的非语言行为

学生学习状态

课堂教学特征

并非井然有序的课堂

课堂教学各项活动有条不紊、井然有序，丝毫没有杂乱的迹象，是很多老师追求的方向。一些评课者也将此作为评价一堂课好坏的重要标准。在近来的听课中，我越来越有了另外一种认识，那就是课堂上其实在有些情况下是需要有一点杂乱、有一点无序的，有的时候恰恰是看上去的杂乱、无序体现了学生的参与、师生的互动，体现了课堂上的新形态。

以往，我们有些课堂过于秩序化，过于整齐划一，有的教师对课堂甚至有一种“洁癖”，不允许任何杂乱无章的现象存在，不允许课堂上出现一丝一毫的“杂乱”。坐姿端正，学生个个腰杆挺着，上身与椅面呈九十度角；学生回答问题统一，每位同学都需要将手规规矩矩地放在桌子上，举手时小臂与桌面呈九十度角，甚至有的班级回答问题的句式也都统一了起来。对学生的表扬一致，每位同学都需要鼓掌或伸大拇指以示对回答正确的同学的认可。如此等等。这样的课堂的确也能给人以“美感”，但这种“美感”的到来，有时是以学生失去积极参与课堂的热情、限制学生的行为为代价的。其结果是，有了整齐划一的秩序，而没有了学生创造活力的激发、学生学习积极性的调动。

新课程倡导“重过程、重体验、重探究”，主张用自主、合作、探究学习替代传授、灌输式教学。真正将这些教学理念和方式落到实处，课堂就势必在一定程度上失却原有的“秩序”，需要取而代之一种新的秩序。

学生动了、活了，教学重心下移了，而每个学生的学习热情、学习动力、知识结构、能力水平、参与状态是有差异的，学生之间出现参差不齐、你快我慢、你说我停、你动我静等一系列现象也就不足为奇了。这种“杂乱”是学生积极参与课堂的杂乱，是学生学习积极性调动起来后的杂乱，可能正是我们需要的“杂乱”。

听课时，我常注意这些杂乱现象是否存在。教师布置了一项讨论任务，学生围绕这项任务进行讨论。如果讨论都是窃窃私语、心平气和，没有歧义，没有争论，可能也意味着这样的讨论选题不当，学生意见碰撞不够，智慧不能充分激发，讨论正在走向其初衷的反面。讨论中的些许“杂乱”是允许的。也许正是在这种杂乱中，学生明确了问题的方向，制定了讨论的规范，理解了讨论的思路。如果学生的探究学习活动都在“静悄悄”中完成，悄无声息，秩序井然，没有思考的苦恼，没有发现后激情的流露，没有相互间因智慧分享带来的躁动，反而显得不正常了。

近来读到美国学者阿布拉汉姆森和福雷德曼写的一本书，书名叫《完美的混乱：无序中隐藏的优点》。书中的一些观点对我颇有启发。他们认为：适度混乱的人、机构和系统，经常比组织性高的群体更有效率，更具恢复能力，并且创造性更强，总之更加高效。也就是说，在某些情况下，适度“杂乱”效率高。在我看来，这一理论也适用于说明我们的某些课堂。当下课堂上已经出现了有益的“杂乱”，我们要允许这些“杂乱”的存在。接下来的任务就是要进一步探讨什么样的杂乱有助于课堂效率的提高，杂乱的类型、动因到底是什么，我们教师在“杂乱”中发挥什么样的作用。也许这样的研究，会使“杂乱”变得“清晰”，“无序”变得“透明”。

并非环环相扣的课堂

课堂是不是需要环环相扣、结构分明？对这个问题的回答，可能并不一致。从今天的课堂来看，一味地要求课堂要有鲜明的操作环节、有一脉相承的教学步骤，恐怕并不见得恰当。在实际教学中，各环节适当“错位”，结构适当“模糊”，有时恰恰是为课堂教学所需要，学生发展所需要的。

机器大工业生产时代的教学，要求在班级上课制状态下各教学步骤按照事先的设计亦步亦趋地呈现出来，各环节是紧密相连的，前一个环节为后一个环节打下基础，后一个环节是前一个环节的延续。其中，比较典型的就是五阶段的教学模式，复习旧课——导入新课——传授新知——练习巩固——概括总结，这五个环节真正是“环环相扣”的，是彼此呈一种前后“咬合”关系的。这五阶段的教学模式，在我们的课堂上运用了近百年，我们的老师在运用这种模式的过程中，一方面使自己的教学行为深陷其中，难以自拔，另一方面也使自己的教学思维有了“环环相扣”的惯性，有意无意地认为教学就应该是这样的，即使改革的话，也是用一种新的“环环相扣”的模式替代原有的旧模式。

“环环相扣”的教学思维，一定程度上是线性思维的反映，是用单线演进的思维看待教学中各行为环节，认为各环节是一次呈现的，不会反复，也不需要反复；不会错乱，也不应错乱。这样的思维有其合理性的成分，它使得教学过程如同机器生产各个工作环节一样，前后工序相连，每道工序各司其事，教学向预定的目标“义无反顾”地行进。但也有其不合理的成分，在教学的重心是教师，教学的关键是传授知识技能的情况下，上述教学进程可以“进退有据”，较为得当；而当教学重心下移，学生掌握更多的学习主动权的时候，单一的演进序列就会遇到越来越多的挑战。学生在学习中可能会遇到各种问题，教学过程可能会遇到各种障碍和矛盾，也许在传授新知识阶段，教师会发现学生对原有知识掌握不牢固，教学重新回到复习旧课的阶段也是必要的；在概括总结阶段，教师会发现学生对新知识掌握还有欠缺，教学重新回到新知识掌握阶段也是情理之中的事情。阶段间的反复，环节间的轮回，都应根据教学的实际情况确定，根据学生学习状态确定。

听课过程中，我注意到这样的事例正在呈逐渐增多的趋势。老师们在上课时，不再一味追求各环节的单一序列演进；在说课时，开始注意将这些环节更迭作为分析的对象；在评课时，也会谈到这些“错位”的事例与缘由。这一切，都反映出课堂上的可喜变化，正预示着新的课堂文化特征的渐渐凸现。

并非行云流水的课堂

前两年在和一些老师评课时，有的老师会用这样的语言赞美听过的课：这堂课上得很好，就如同行云流水一样。听到这种说法，我总是会在脑海中出现这样的问题：为什么课堂要像行云流水一样？一堂好课，就应该体现行云流水的特征吗？两年时间过去了，现在听评课，很少再听到这样的评价语言，课堂的形态在变，课堂评价的标准也在变。

行云流水，固然是美的，但在这种课堂形态中，有可能忽略的是学生所遇到的问题和障碍，忽略的是课堂上即时生成的各种资源，忽略的是课堂上变动不居的实际状态。一般说来，在学生学习积极性、主动性被充分调动的课堂上，学生总是有可能给教师的教学提出这样或那样的挑战，使教师的教学在有意无意之间脱离预定的轨道，呈现出新的状态。一个偶发性的事件，一次出乎意料的提问，一个未曾想到的特殊举动，都有可能使教学之“水”波澜四起，有可能使教学之“云”绚丽壮阔。

从今天素质教育和新课程的立场来看，教学就是要给学生的思维留有较大空间，就是要使教师适应学生活跃、主动以后的挑战。在这样的课堂上，风平浪静已不复存在，浅滩暗礁遍布其间，教师的职责很大一部分就是和学生一道，探索前行，使知识的航船在茫茫大海上避险滩、绕暗礁，直到达到知识的彼岸。我们所听的课，有些之所以留有较为深刻的印象，常并不是这堂课没有障碍、问题、矛盾，而恰恰是这堂课某一个教学环节、某一个教学场景中的阻滞以及教师的艺术化处理或学生的灵光闪现等，使我们认识到课堂真实状态的存在，体会到课堂的魅力。

不再是行云流水一般的课堂，是更为真实的课堂，也更加贴近了课堂的本来面目，更加激发了学生的参与热情与活力。我们的老师要在教学过程中，充分发挥自己的教学机智破解一个又一个难题，而且，在教学设计中，要有意识地将一些障碍和问题加以筹划，换句话说，在没有障碍的时候，有时需要设计一些障碍，让学生直面并解决这些障碍，从而使他们的学习上升到一个新的水平。

在今天，老师们越来越需要树立一种新的理念：行云流水般的课堂其实是一种非常态的课堂，学生在课堂上走得跌跌撞撞、步履蹒跚，时而雀跃，时而深思，教师在课堂上并非得心应手，遇事应对自如，遇难逢凶化吉，而总是有本领上的恐慌感，才是课堂的常态。

并非设计严密的课堂

每次备课，都是一次教学设计，这一理念在今天的课堂教学中已深入人心，中小学教师大多接受了这种理念，并正在将这种理念转化为具体的实际教学行为。按这一理念，教学设计应该呈现怎样的形态，是每个教学环节都详加思考，周密安排，还是从整体着眼，用“大设计”的思路统筹教学的各个方面？后者似乎更加确当。

曾有一位资深的老师这样介绍自己的备课经验，那就是在备课时将课堂上讲的每一句话都写在教案上，让每个教学环节都不留“空白”。我也曾听过这位老师的课，应该说，课堂上波澜不惊，一切都处在教师的掌控之中，下课铃声响过，教师的最后一句话也就说完了。整堂课似乎没有一句废话，没有一个多余的举动，没有任何出乎意料的波动。这样的课是不是一堂好课？对其判定是仁者见仁、智者见智，但其设计思路我是不太赞同的。这位老师的备课的确是“背课”，把教学实际使用的语言书写出来加以背诵，在课上再展示这些已经“背诵”好了的语言。这样的设计没有“留白”，没有“缝隙”，一定程度上也使得课堂上学生的行为也变得循规蹈矩，在教师的导引下亦步亦趋。

假如我们的课堂确实像新课程改革所要求的要重过程、重体验、重探究，像素质教育所倡导的要促进学生的全面、全体、主动、个性、终身发展，那么，在教学设计时，就需要考虑给学生留有足够的自主支配的时间和空间，就需要宽视野、大设计。也就是，设计从教学目标与重点着眼，从教学总体要求着眼，对教学作出整体安排和统筹规划。这样的设计，也许并不是每个教学环节都在意料之中的，每个教学活动都在预期范围内的，但其思路自始至终是围绕着新课程的理念展开的，是将新课程的理念切实转化为本节课具体的教育教学行为的。

当然，“大设计”绝不意味着不设计，现在有的专家称教师其实用不着仔细备课，甚至用不着写教案，对此我也不敢苟同，既要设计而且用教案的形式呈现设计，对当今的教师来说仍很重要；“大设计”也不意味着对教学各具体行为不予关注，在实际教学中，教师的一颦一笑、一举一动都具有着不同的教育意义，都会对学生产生这样或那样的教育影响，对这些行为，教师在日常的教学中需要加以关注并有意加以改进，但并不见得每一节课都对这些行为进行事先的“谋划”。

并非人人称道的课堂

人人称道，众口称赞，在今天的听课与评课中日渐稀少。这既是评课文化悄然产生变化的反映，也是课堂教学形态转换的体现。前几年听评课，我很少听到不同认识，评课者极少就课堂上的问题产生分歧，也极少对课堂教学行为提出批评性意见。现在，这种情况正在出现变化，围绕一堂课争执不下，针对某一问题各抒己见，已成为较为普遍的现象。

对课堂设计思路、实际教学行为有看法上的歧异，可能恰恰体现了这堂课的价值所在。新课程的理念如何在课堂上得到体现，什么样的课堂才是与新课程相称的课堂，课堂教学形态需要有哪些变化，课堂教学质量如何保证，教师在课堂教学中应扮演什么样的角色，诸如此类的问题都不甚明了。不同的教师可能会有大相径庭的看法。如果在课堂教学中，教师从这些问题出发，作了一些探索与尝试，听课评课者从课堂教学的具体例证来分析这些问题的破解之法、产生之道，提出不同的甚至是针锋相对的见解，正说明了这堂课所进行的探索是可贵的，所提出的问题是亟待进一步探讨的。

从今天课堂教学改革的总体态势来看，课堂正处在新旧杂陈的阶段，也就是“旧的还没有完全过去，新的还没有全面呈现”的阶段。处在这样的阶段，要出现人人称道的课堂很难。一些专业研究者感觉今天的课堂变化还不够大，离新课程还有不小的距离，还需要进一步加大课堂教学改革的力度；而一些实践工作者感觉今天的课堂变化已经够大了，如果再变的话，就不知道如何从事教学了，而且对中考和高考成绩也会产生无法预料的影响。仁智互见、公婆各说，反映的是我们的课堂教学还没成型，还不够成熟，还需要假以时日进行探索。

进一步说，就算是新课程推进到课堂了，课堂也转变原有形态，体现为新课堂文化了，听评课者仍然会对课堂提出不同的意见。从某种意义上可以说，完美无缺的课堂过去没有，现在没有，将来也不会有。课堂教学在彰显某方面行为的同时，总是或隐或显地暴露出另一方面的问题。课堂所面临的大量问题都属于两难性的，是“进也难、退也难、左右为难”的，考虑了学生兴趣的激发，可能忽略了教学目标的实现；考虑了学生对课堂的积极参与，可能教师自己无法应对活跃了的学生所出现的各种问题；考虑了学生的探究，可能影响了教学效率；考虑了知识的传授，可能忽略了态度的养成、方法的掌握；如此等等。教学在一定程度上也属于“平衡的艺术”，一不留神，课堂就不平衡了，问题也就出现了。教师的教学智慧，正是在这种平衡上做文章、下功夫；教学智慧的拥有者，也常常是教学诸因素的“平衡大师”。

没有了人人称道的课堂，不是一件坏事，反倒是课堂教学的进步，至少是课堂教学认识上的进步。有缺陷的课堂，才是真实的课堂，才是活生生的课堂，才是新课程指导下“转型”过程中的课堂。

教学方法探索

无需举手，自由发言

“这个问题谁能回答?”教师的话音刚落，一些或许多学生便举起手，然后教师点名，学生回答，这是中小学课堂教学中的一个场景。而在一所学校，虽然老师们仍然这样问：“这个问题谁能回答?”但学生已不必再由教师“钦点”，常常是教师一发问，便有十多个学生同时站起来抢着发言。而且现在教师也不用为评判学生回答的“对”或“错”而大费周折，学生们大多会在相互讨论、争论中得出比较正确的答案。一些原先沉默寡言的学生也会受到气氛的感染，情不自禁地站起来发表意见。这就是一所中学实行“无需举手，自由发言”后的课堂教学情景，学生们将此举称为“思维的解放”。

这所学校之所以这样做，是因为他们调查发现，学生年级越高，举手回答问题的学生越少，进入高中后几乎没有学生主动举手回答问题了。在这种情况下，教师常常无奈地采取“点将式”、“火车式”等方式提问，这加重了学生对回答问题的逆反心理。一些学生也承认自己有心理障碍，就是不敢举手发言。那么，如何改变这一现实，激发学生的学习积极性呢?

围绕这一问题，学校领导和教师们通过讨论形成了一个共识：学生在课堂上应该享有一定的权利。首先，他们应该有犯错误的权利。在以前的课堂提问中，教师一般都比较重视纠正学生的错误，忽视了学生所应享有的犯错误的权利。其次，学生有自由选择的权利，即有选择回答教师提问的权利，对于自己不感兴趣的问题他可以不回答或拒绝回答。而在以前的课堂教学中，对于教师的提问，学生是没有这样的选择权的。再次，学生应该有评价权。过去学生回答问题主要是由教师进行评价，而作为主体的学生是没有评价权的。这种不合理的状况亟待改变。正是基于以上认识，教师们采取了许多新的课堂教学改革举措，“无需举手，自由发言”就是其中之一。

在具体实施中，“无需举手，自由发言”提倡三条基本原则：女生优先，男同学要谦让女同学；前排优先，当前后排同学同时站起来时，后排同学应该谦让前排同学（因为前排同学往往看不到后排同学与他同时站起来了，但是，后面一个机会就应让给后排同学，如果他愿意发言的话）；经常发言的同学应谦让较少发言的同学，课堂秩序力求做到活而不乱。

此外，这项措施也提倡发言时的文明礼仪。学校提出课堂上如果有争论，必须先肯定他人的意见，即使是肯定他人发言声音响亮也是可以的。然后再发表自己的不同意见，或者对其进行补充。

为了避免部分学生垄断“发言权”，让每个同学在课堂上都能勇敢地“站起来”，学校还为学生的发言提供了学分保障。学校规定，每门学科设一个“学习习惯”学分。如果学生在课堂上不主动发言，就有可能失去这个学分。

为了使教师提出的问题能够真正引发学生的主动回答，一是要求教师在备课时，既要备教材，又要备学生，了解学生原有的知识经验，吃透教材的重点、难点；二是对于一些引起争议的问题，教师要进行恰当的引导，使同学注意到彼此之间观念上的差异，以便将讨论引向深入；三是提出问题的难度要适中，真正做到“跳一跳，摘桃子”，符合学生“最近发展区”的需要。

学生自由发言时对教师控制班级的能力是个巨大考验。老师需要用平等、民主的心态对待学生，提倡保护学生的发言权，在对学生的行为进行评价时，教师通常是以一种商榷的口吻提出来。比如："有没有同学对这一点还有所补充?"在教学中，提倡教师要善于"察言观色"，注意每一个学生的表情，对那些已经有所准备的学生来说，有时教师的一个眼神或一个鼓励的手势，就能使他勇敢地站起来。当学生没有勇气站起来，或者正处于犹豫状态的时候，教师可以直接问他："你是不是已经想好了，能不能请你回答一下?"当学生在课上提出一些跨越了学科范围的问题，或者回答和讨论跑题的时候，教师要有应变和组织的能力，要巧妙地引导学生走上"正途"。

这所学校的教师也清醒地认识到，"无需举手，自由发言"这一方法并不是对所有的学科、所有的课堂都适用，要因人、因时而异。并且这一方法本身也有一定的缺陷，不是唯一的选择。课堂上教师完全可以结合点名来进行。虽然学生没有站起来，老师也可以要求他来回答问题。

教师和学生对在课堂上试行"无需举手，自由发言"这一新的举措有着深切的体验，也有着不同的认识。

一位教师认为，实施了"无需举手，自由发言"之后，许多学生在课堂上一改往日的拘谨，大胆地抒发己见，整个课堂气氛活泼而又有序。另一位教师谈到，很多学生都主动站起来发言，学生和学生、小组和小组彼此之间有一种带动作用，这有助于形成良好的课堂气氛。这点也得到了不少学生的认可。有的学生在日记中写道：这种课堂形式不拘一格，气氛活跃，激发了思维，培养了自己学习的主动性，养成了新的学习态度，变"要我学"为"我要学"。高一的一位女学生认为，这项措施使得课堂讨论更加激烈，可以将课堂内容拓展开，从而使大家学到很多课外的知识，比如做人的道理等，而且同学们的思维也更加活跃了。

一些学生认为，这种发言方式可以提高自己的语言表达能力，增加自己的信心和勇气，敢于挑战自我。一位高一的男同学表示，他以前是不太爱发言的，他认为自己受这项措施的影响很大。他说："现在一节课我最多可能站起来10次，有的时候还会坐在座位上讲，感觉很自然，没有心理负担。"一位女教师说："通过这一举措，可以尝试培养学生的良好性格，以适应现在这个充满竞争的社会。"

几位同学不约而同地谈到了这项措施在他们之间产生的相互影响。其中一位不太爱发言的男同学说："现在我也已经习惯起来发言了，第一次站起来时比较胆怯。但感觉这是个很激励人的措施，因为班上很多同学都站起来了，而你没有站起来，很说不过去。"另一位男同学说："以前大家都不发言，就你一个人站起来发言，感觉很傻；现在大家都发言了，就你一个人不发言，又觉得很傻。"还有一位同学认为这项措施能够增加同学间的友谊："我们有三条谦让原则。我碰到过这样的情况，有一位同学坐在我后面，他不经常发言，有一次上课回答问题我让了他，他下课来向我道谢。这就能促进两个人之间的友谊。"高二的一位男同学则认为这项措施还有助于培养竞争意识："我觉得同学之间不但友谊加强，而且还使彼此之间有一种竞争的感觉。在课上你可以反驳他人的观点，大家在你来我往中增强了竞争意识。"一些学生在日记中写道："无需举手，自由发言有利于培养同学之间相互尊重、相互谦让的意识。"

有些同学也认为这项措施能够加深师生间的感情。高一（4）班的一位同学认为："通过这项措施，我们与老师建立了深厚的感情，密切了与老师之间的关系。有一次奚老师在课上说了她自己遇到的一个困惑，我们同学帮助她一起出主意，使问题得到了解决。她也很感谢我们。"

但老师和同学们也都谈到，"无需举手，自由发言"这一举措在课堂实践中存在着一个比较普遍的问题：容易导致学生课堂发言的"恶性循环"。高一的一位女同学认为，这项措施对大多数人是有好处的，但还有一些同学不受其影响，因为他们本来就不想回答问题，对回答问题有一种害怕的感觉。对不爱发言的同学来说，可能会认为：既然有这么多的同学发言，我又何必站起来呢？有位男同学补充说，除了害怕外，有些人觉得站起来回答问题很傻，这也是这种形式所不能改变的。一位高二的语文老师也认为，这一举措在课堂上容易造成发言集中在少数人身上，可能会造成两极分化，爱发言的学生越来越爱发言，不愿发言的学生可能更加不愿发言。有些学生认为反正老师不会点到自己，上课时思想往往不集中，影响了听课效率。

部分教师和学生也表示，新举措给学生带来的新鲜感是短暂的。如高二的同学认为，他们现在觉得这种形式已经没有什么新鲜的了，所以上课经常不愿意站起来回答问题，感觉又像回到了以前的时候。一位高二的语文教师也有同样的感受，开始学生有新鲜感，现在有点淡漠，教师提出问题，下面同学的反应不强烈。

学生也在日记中反映了“无需举手，自由发言”带来的问题：有时过分强调讨论，容易影响课堂教学的质量，造成重点、难点被忽视；有时课堂秩序有些混乱；师生之间必须有默契才能避免冷场的情况。

一些教学经验比较丰富的老师，已开始透过这一课堂中的新现象，寻求其中更为本质的东西。他们认为课堂教学改革固然离不开形式的变革，但更为关键的恐怕还是内容，或者说是实质的变革。高二的一位语文教师说，现在，学生年龄越大，举手发言的人越少，很多学生只有胸有成竹时才举手。这项举措可以打破学生的心理障碍，有助于课堂气氛的活跃。但这只是一个形式问题，无法从根本上改变学科教学的现状。这项举措的倡导者奚晓晶副校长就此谈得比较透彻：“事实上，这项新的举措只不过是一个抓手而已，并不是说只要你在课堂教学上实施‘无需举手，自由发言’，什么问题都能解决了。这不过是给学生一个新的刺激而已。可能到以后，我们还会想出另外的刺激。正是通过这种不断的创造，给学生‘跳一跳，摘桃子’的感觉。在课堂教学中，要不断去寻求新的、好的方法。……怎样才有利于学生潜能的开发，怎样才有利于激活学生的思维，怎样做才是好的？对于这些问题，前人都没有为我们提供现成的答案，需要我们去创造。这才是非常重要的。”

［节选自林存华　俞海燕　杨海燕　程胜所撰写的案例《无需举手，自由发言》，这个案例是我在一所学校注意到，然后请四位研究生去该校深入调研写作而成的］

零散的提问

在有些课堂上，老师的提问非常零碎，几乎是用不断的提问来推进教学，比如：老师列了个等式，询问，这个等式有几个条件？第一个条件是什么？第二个条件是什么？得数是什么？两三分钟内，就有可能提出三四个问题。一节课统计下来，有时不下七八十个问题，我记录过一堂课，最多有 120 个左右的问题。这些“零敲碎打”的问题，贯穿课堂的始终，确实有点是从满堂灌转向满堂问了。

问题是启发式教学的必要条件，但不是充分条件。提问也不是启发式教学的根本标志。有的教师认为启发式教学只有通过提问才能反映，其实并不正确。灌输式教学，也可以通过不断提问来反映，将知识点分解为若干细小问题，将整体知识掰碎揉烂，用问题的方式循序渐进，本身就是灌输式教学的一种表现。反过来，没有提问，也不见得就没有启发式教学。

课堂上提出什么样的问题才恰当？对这一问题，仁者见仁、智者见智，很大程度上需要取决于具体的课堂情景。一般说来，课堂上的提问从智慧含量来说，大致有四类：记忆性问题，通过回忆相关知识可以回答的问题；理解性问题，需要用自己的语言来解释或者说明事物与事物关系的问题；应用性问题，将学习的知识应用于解决实际问题；评价性问题，对所学知识进行评判分析，提出自己的看法和认识。四类问题，包含的智慧由高到低，不断深入。在课堂上，这四类问题需要根据教学任务进行统筹安排，有所兼顾。前述的现象就在于过多地将注意力集中于前两个层次的问题，而忽视了后两类问题的呈现。

应用性问题和评价性问题，在课堂上不是以数量多取胜的，而是以是否能引导学生将学会的知识进行迁移、评价为基本导向的。这两类问题常蕴含较大的思维跨度，是需要学生“跳一跳，摘桃子”的，是在学生“最近发展区”上做文章的。据我的观察，现在的课堂上，占主导地位的提问属于记忆性问题和理解性问题，数量较少的是应用性问题，评价性问题甚至在一些课堂上几乎不曾出现。问题结构的不合理、布局的不完整，有时导致的结果就是学生缺乏对事物进行深入探究的意识与欲望，缺乏提出自己独到观点的勇气和智慧。

评价性问题着眼于学生对事物的自主评判，是让学生用自己的眼光分析判断所学习的相关知识，一定程度上激发的是学生的批判意识、问题视野及立体思维。这类问题与学生创新精神的培养有着直接的关联，与创新教育的实施有着密切的联系。培养学生的创新能力和创新思维，其实远不止通过单独的课程形态来表现，课堂教学中问题的设计以及教师的细致引导，同样对这种素质的培养有着重要的作用。

课堂上，问题要提，但教师还要进一步思考：应该提出怎样的问题；哪类问题才是学生发展所需要的；哪类问题是完成教学任务所需要的；素质教育和新课程反映在课堂教学上需要以哪些问题为支撑。

热闹的角色扮演

《鲁提辖拳打镇关西》是初中的一篇课文，选自《水浒传》，描写的是鲁提辖与镇关西的矛盾冲突。我听过这样一堂课，老师一上课，首先让孩子们观看用多媒体播放的《水浒传》的片头曲，伴随着刘欢高亢嘹亮的“大河向东流……”，一百零八将粉墨登场，学生由此进入到了《水浒传》的情境之中。观看完毕，老师提问，咱们班哪些同学最富有表演才能？同学们纷纷举荐，共有六位同学被推选了出来。老师让六位同学分别组成三个小组，每组由两位同学组成，其中一位扮演鲁提辖，一位扮演镇关西，大家分头稍做准备。准备好后，三个小组依次登场，演得惟妙惟肖，同学们看得兴高采烈，笑得前仰后合。表演结束，我一看时间，已经过去了20分钟。这20分钟到底要达到什么样的教学目标，角色扮演到底要发挥什么作用呢？

角色扮演是课堂上激发学生学习热情，深化学生对课文理解的重要手段，对于初中生来说，也是一种他们乐于接受的学习和教学方法。但是，如果角色扮演离开了教学的特定目标以及教育教学的具体要求，那么，它就只具有手段的意义了。没有目标，失却了内容，单一的角色扮演即使再能活跃课堂气氛，也失去了针对性和实效性。

新课程绝不是离开内容、离开知识结构、离开知识授受来谈课程的，它要求改变的是课程的承载方式以及内容的展现形态。在具体教学过程中，作为教师要思考并实施的是如何将新课程的要求与自己教的班级实际结合起来，将新课程的理念转化为具体的教学实践行为，也就是做好“结合”和“转化”这两篇大文章。其中“结合”是“转化”的前提，“转化”是“结合”的结果。“结合”强调的是不能离开自己的课堂实际、学生实际、教师个人特点、知识的特定要求来谈教学实施；“转化”强调的是要把自身对新课程的理解、理念经过精心的设计体现为具体的、可操作的、可见的行为。

从满堂灌到满堂问，从满堂问到满堂闹，是有的学校有的教师以新课程之名所呈现的课堂形态。这种就方法论方法、本末倒置的做法值得我们关注。课堂形态、教学结构、组织形式、内容要求、方法选择，这一切都事关新课程的实施，教师需要综合思考，不能顾此失彼，不能单因素、单角度地看待课堂教学，而是要把目标、内容、方法等作为一个整体来把握。

捂住对方嘴巴的“讨论”

一次在小学听课，看到了这样一个场景：老师布置了讨论任务，学生开始分小组讨论。讨论中，学生争相发言。一个小朋友为了争得发言的机会，用手捂住了另外一位小朋友的嘴，以便自己能够把自己的想法说出来。被捂住嘴巴的那位同学，急乎乎地要把对方的手拉开，也想说出自己的想法。老师没有注意到这一场景，讨论仍然“热烈”地进行着。

“讨论”这种教学方法在今天的课堂上已经司空见惯，但对于讨论的效果以及讨论中的基本规范等问题仍有探讨的必要。上述场景的出现，反映出的是学生并没有掌握讨论的基本规范要求，还不知道如何参与讨论，不懂得如何分享他人经验。“教学”这个词语在中国表达的含义与西方有着显著区别，那就是既包含“教”，也指代“学”，是教与学的统一体。“教学”的这个含义不能总停留在表面上，在方法等方面也需要加以体现。讨论方法的开展，不能遗漏掉教学的另一方——“学生”。

从当下来看，我们所推行的教育教学改革，较多关注的是“教”的一方应产生的变化，对“学”的关注程度还有待于进一步提高。这种情况的存在是可以理解的。要改革课堂教学，首先要改的就是教师自己的行为。在变革的初级阶段，老师自己“自顾不暇”，也就难以兼顾到学生的状态，难以将学生的学习行为统筹加以考虑。但教学改革成效毕竟是要在学生身上体现出来的，没有学生的参与和积极性的调动以及方法的得当应用，课堂教学改革也难以达到预期目标。在课堂教学改革中，教师要切实关注学生的课堂教学行为，同时要利用多种机会加强对学生学习方法的指导。比如，在课堂上，对学生参与讨论提出要求：几人一个小组；小组组长需要发挥哪些作用；小组讨论需要遵循哪些要求；讨论后如何向全班同学展示讨论成果等等。

课堂教学改革是一项系统工程，涉及观念与行为、思考与方法、课内与课外等方面。教师在课堂教学中，要有意识地将各个要素综合起来加以考虑。在课堂上变革一两种方法是容易的，而要有深层次的变革，就需要全方位的考虑、多角度的透视，尤其是不能忽视学生学习方法的指导，不能忽视学生在课堂上积极参与的重要价值。

学生忙讨论，教师忙板书

教师给学生布置了讨论任务，学生以小组形式开始讨论后，教师马上将身体转向黑板，抓紧时间板书。板书写好后，教师转过身来，问道："同学们讨论好了吧?"学生一般齐答："讨论好了。""哪个小组说说讨论的情况?"接下去就是学生介绍自己小组讨论的结果。这样的场景，我在听课时不止一次遇到过。

这样的场景常给我的感觉是：老师提出问题，让学生进行讨论，只不过是为自己找一个有时间写板书的借口。教师关心的是尽快将板书书写出来，而不是学生是否真正积极参与讨论了，讨论中是否出现了思维上的碰撞，讨论中遇到了哪些障碍与问题，同学间又是如何破解这些障碍和问题的。讲解时，教师无法写板书；讨论时，教学重心下移了，"学习的主动权"交给学生了，教师自己也就可以腾出时间写板书了。

其实，学生讨论是很需要教师指导的。新课程倡导合作学习，其主要方式就是相互协作共同讨论。学生如何形成讨论的习惯，如何真正与他人分享，如何学会与他人合作，如何与他人交换思想，如何说服他人等，这些问题都或多或少在学生讨论中存在。如果失去了教师的指导，学生没有形成良好的学习习惯，讨论在一定程度上也就流于形式了。学习方法的指导是在学习过程中完成的，学生学习问题的发现与解决是在师生交往中进行的，教师在讨论中的"退场"难以使讨论达到预期的成效。

也许，教师会提出这样的疑问：板书什么时候写？解决问题的方法应该是多样的。教师可以事先用小黑板或多媒体将要写的内容加以准备，讨论结束后呈现出来；也可以考虑请某个小组或某位同学专门就板书内容进行思考并予以书写。这时，教师的岗位应该是在学生中间，是经过自己的仔细观察分析学生讨论中存在的问题，并及时指导学生解决问题，同时又为后续的教学奠定基础，以便改进事先的安排，使教学更符合学生当下的实际。

也就是说，教师的指导与学生的学习要保持同步状态，而不是异步状态。南辕北辙的教与学，两相错位的教与学，是没有对话、缺乏共生的教与学，也是难以达到教学目标的教与学。

没有学习伙伴的学生

“自主择伴，结对学习”，是我在某学校听课时注意到的一种教学方式。该校在一些班级开展这种方式的教学，取得了一定成绩，课堂气氛与以往相比有了较大差异。但在课堂上，我总是能发现有一些处在“边缘状态”的学生，这些学生既不主动找别人，也没有其他同学来找他，以至于在“结对”中成了孤孤单单的一人。

其实，在其他形式的教学中，也存在类似现象。小组讨论中，有的学生甘于“边缘”，以旁观者的姿态出现，好像自己置身于讨论之外；探究学习中，有的学生甘于孤寂，“冷眼”看其他同学忙碌的身影；自主学习中，有的学生甘于将主动权交还给老师，或者交给其他同学，没有自觉，没有主动，甚至没有了学习。对这些同学如何加以关注和引导，是老师在教学中需要考虑的重要问题。

“自主择伴，结对学习”的初衷，是充分发挥学生的主观能动性，让学生在互助中习得知识，在合作中掌握技能，在分享中提升本领。但在实施中，确实有一些意想不到的情况，比如，很多学生的学习伙伴并不是同桌，都需要离开座位，找到自己“心仪”的伙伴，而这个过程往往将教学实践拖长，伙伴相见，也需要一定时间才能进入学习状态。同时，也确实会出现个别同学没有伙伴的状态。对于这些问题，教师在进行教学设计阶段，需要加以考虑，并提出切实可行的解决问题的方法。如果没有学习伙伴，能不能由教师来指定？这样的“拉郎配”是不是会影响结伴学习的成效？如果让这些学生独立学习的话，又会产生什么样的后果？他们的学习状态和情绪是否会受到影响？假如教师本人也参与到学生的结伴中，与这些没有“伴”的同学相互合作，又会产生什么效果？其他的同学是否会受到影响或产生嫉妒心理？结伴学习的效果如何评定？这些问题思考得细致深入了，应对不同情景的教学本领也就增强了，教学实践智慧也就应运而生了。

课堂上的学生总是有这样或那样的差异，你提倡结伴他没有伙伴，你提倡合作他不想分享，你倡导互动他不愿参与，对这部分学生需要特别加以关注。在一种新方法实施初期，这部分学生是教师要加以重点分析和对待的，要分析他们远离你教学要求的原因，是方法不当还是学生缺乏相应的准备，是内容不妥还是教师启发不到位等。一定程度上，正是这样的探究与处理，才使得这种方法不断臻于完善，才使得边缘状态的学生走到核心地带，才使得方法与目标、内容相协调。

眼花缭乱的多媒体

回忆我听课的经历，好像没有哪一节课老师不使用多媒体的，而且不少课堂上老师使用的多媒体手段常不止一种，让人眼花缭乱，目不暇接。多媒体的“大规模入侵”，也常让我有这样的感觉：它有时蚕食了课堂的内涵，在侵占课堂空间的同时，也侵占了课堂的精神空间，使课堂变得“空洞化”。

运用多媒体辅助教学，本来是教学改革的重要方面，它使得课堂教学手段多样化，借助于这些手段学生能更好地理解知识、掌握技能，更好地达到课堂教学的目标。但在实际运用中，“手段”一不留神却变成了目的，大量的多媒体手段的不当运用，使学生的注意力为这些手段所左右，课堂教学本来应该关注的知识、态度、技能等却被忽视了。正在成长发展过程中的中小学生，很容易被一些新异的刺激所吸引，在一堂课上，他们一会儿看动画，一会儿听音乐，一会儿看电影或电视片断，一会儿看老师制作的精致的课件，多媒体的丰富性成为他们关注的重点，多媒体承载的意义却很难真正为他们所认知。

我们常说信息技术与课堂教学相整合，从今天的课堂上来看，这个问题仍然没有很好解决。整合是浑然一体，整合是两相融和，整合是彼此协调，当今的课堂还有很多没做到这点。什么时候才是真正达到整合，那就是没有让学生感受到多媒体存在，没有觉得多媒体多余，没有为多媒体过多吸引自身的注意力，没有觉得课堂知识与多媒体不相一致的时候。换句话说，是让多媒体回归其“手段”特性，而任何手段都是为目的服务的，是服从服务于目的的。

当今课堂教学的评价，不少将多媒体的运用作为评价一堂课好坏的重要标准之一，对此，我觉得未尝不可，关键在于这些多媒体是否与课堂教学相得益彰，是否成为学生学习的重要的乃至是不可或缺的手段。多媒体手段是需要用，但不能喧宾夺主，不能过多过滥，不能顾此失彼。

没有板书的课堂

信息技术的广泛运用，已经使课堂教学的状态发生了很大变化。教学中运用多媒体，使用信息技术，已成为许多教师的“家常便饭”。也正因如此，有的课堂上，板书已经销声匿迹了，我们看到的是眼花缭乱的多媒体展示，而黑板上，空空如也，一个字也没出现。

这样的课堂虽然数量不多，但在我的听课经历中确实遇到过。这就衍生了一个问题：是不是确实不需要板书？我们不能说，所有课堂都不能离开板书，都需要使用板书，但绝大多数课堂是需要板书的，需要教师将板书作为重要的教学手段。

信息技术改进了我们教学的方式，既可以呈现大量的知识信息，也可以展示丰富多彩的画面，甚至有的老师借助电脑的手写功能，直接用多媒体显示自己书写的文字。但，这是否意味着可以替代板书？信息技术手段与板书是相互替代的关系吗？

其实，在讲课时有许多内容是信息技术手段所不能呈现的，有许多功能也是信息技术手段所不能达到的，两者更多的是互补关系而不是替代关系。

比如，课堂上学生随机出现的答案，教师灵光一闪出现的念头，学生之间产生分歧和争议，这些内容，是教师事先没有想到的，是多媒体手段即时无法生成的，而通过板书可以随时将其呈现出来。

比如，教学总是围绕一定的重点难点展开的，虽然多媒体也可以将这些重点难点呈现出来，但电脑的页面总是有限的，总是需要不断翻页来表现一些新内容的。如果以板书的形式将相关重点难点书写出来，学生在整堂课都可以看到，也可以加深对这些问题的理解。

比如，展现教学的整体架构，体现本节课知识点与知识点之间的联系，是教师所关心同时也是学生巩固知识、形成对知识整体认识所需要的。多媒体虽然在一定程度上也可以展示，但没有了板书，没有了教学内容循序呈现的过程，学生对其认识就会受到一定影响。

此外，板书还有一个功用，那就是对学生潜移默化的影响。我们的学生在使用电脑中，已越来越与文字书写拉开了距离。教师板书的书写，可以强化学生的书写意识，增进学生的书写愿望，使学生在使用电脑的过程中，逐渐将书写作为重要的思想表达方式。

拖堂的几分钟

有一次在南方的一所重点高中听课，一位高中二年级的语文教师，在45分钟下课铃声响过之后，又拖后了七八分钟才宣布下课。下课后，我询问这位老师，为什么要拖堂这么久？他回答：郑教授来听一次课不容易，我想让你完整地感受一下我教学的各个环节。听到这个说法，我不禁哑然失笑，这个老师的做法在我们有些老师中具有一定的代表性，其中反映的问题也颇值得我们关注。

是不是一堂课只有完成了预期的教学设计，完整地呈现了课堂教学的各个环节，才算是一堂好课？不见得。教学有预先的设计，课前有相关的筹划，都是正常的，这是保证教学能够达到教学目标的前提保证。现在有的专家提出，教师可以不用写教案，对此我不敢苟同。教案仍然必要，教学设计仍然不可缺少，但教案或教学设计并不是约束教师实际课堂教学行为的“定规”，好像教师就应该像演员一样完整地再现剧本的每一句台词，每一个行为。计划赶不上变化。学生在课堂上参与了，活动了，一系列意想不到的场景也就出现了，教师也就应该顺应这种变化，生成新的课堂教学行为。

我在读书时，不太喜欢拖堂的老师，我想大多数的学生和我有同样的想法。上述老师拖堂的几分钟，时逢中午，马上到了午饭时间，学生私下敲饭盒的、交头接耳的比比皆是，但老师仍不为所动，仍坚持将各个教学环节一一展现。拖堂的几分钟，也许完成了教学任务，但这种“多余的精彩”恐怕很难引起学生的共鸣，学生真正能听得进的东西也非常有限。曾看到这样一则调查资料，询问学生你最不喜欢什么样的老师，相当大比例的学生回答不喜欢拖堂的老师。拖堂了，老师付出的努力虽然多了，却“费力不讨好”，劳动没获得相应的回报，付出没得到学生的认可，所以，老师上课，还是少拖堂为好。

现代管理学告诉我们，作为管理者最应该掌握的三种能力分别是：信息沟通能力、时间管理能力、团队建设能力。教师在一定程度上是课堂的管理者，是教学的组织者，同样也需要考虑这三种能力在自身的体现程度。就时间管理来说，教师就应该强化自己的课堂教学的时间统筹能力，分清所面临任务的轻重缓急，合理安排教学的时间节点，巧妙把握教学的活动节奏，这样的教学才有可能受学生欢迎，才有可能提升到一个新的水平。时间管理的艺术，同样是教学的艺术；时间统筹的能力，同样是教学的能力。在这方面，我们似乎还有不少事情要做。

溜走的“教育性渗透”良机

以往教育学中所讲的“教学教育性原则”，以及今天新课程所强调的“知识与态度相统一”，都关注在教育教学过程中，将蕴含于其中的“教育性”因素加以挖掘、利用、整合，使学生在掌握知识的同时，能够在思想认识上得到提高，道德规范得到增强，行为方式得到改进。在听课时，我常会注意到教师有意无意地忽略了有些“教育性”的因素，从而也使知识与态度并未呈现统一状态。

记得有一次听初中的政治课，内容是让学生掌握相关的法律知识。教师对有关法律作出讲解之后，在黑板上列出了一系列问题，请同学们做出回答，借此巩固刚才学习的内容。记得有这样的题目：某家长不让自己正在读初中的儿子读书，目的是为了让他早点打工挣钱，贴补家用；背后说他人坏话。问两种行为是否违法。对于前一种行为，学生异口同声地回答是违法的，违反了义务教育法；对后一种行为，同学们的回答也出奇地一致，认为是不违法的。老师追问理由是什么，有个学生大声回答：因为我们就常常这样做。课堂上哄堂大笑。老师说：以后不要再这样做了。好，我们看下一个问题。

这个场景中蕴含的问题，就是教师没有捕捉到对学生进行道德教育的良机，而是让这个机会在自己的指尖悄悄滑落了。作为政治教师，是以学生政治思想教育为己任的。而这位教师在这堂课上是将知识点作为“头等大事”来对待的，没有将课堂上的一些“动态生成”转化为教育契机，使得这堂课成了知识的复制和再现。其实，背后说他人坏话，即使从知识点的角度来说，也不见得就不违反法律，诽谤罪等就属此类。

教育性渗透，既体现在教学准备阶段教师在分析教学内容以及学生特点基础上的有意设计，也体现在教学实施阶段课堂上出现一些随机事件时教师对其中“教育性”因素的把握与运用。我在听课时感到，老师们现在已经开始有意识地在教学设计时考虑这一问题了，但对课堂教学过程中的教育性渗透的把握还有待进一步强化。有不少时候，很多可对学生进行教育的机会白白流失掉了。

即使进行知识与态度两维目标的设计，在教学中对知识与态度统一作了些准备，有的课堂上，仍可看到知识与态度呈“两张皮”的状态。讲知识，条分缕析；讲态度，脱离知识。有的教师在上课即将结束的时候，将有关思想教育的内容单独拎出来，对学生说教一番，好像也在进行教育性渗透。其实，这时的教育性已经不再是“渗透”状态，知识传授与态度养成也不再呈整合状态，而是彼此分离的。

渗透是不露痕迹的，是“随风潜入夜，润物细无声”的；整合是水乳交融、浑然一体的，是两相融通、相得益彰的。渗透得当，学生无意获得的思想规范意识就强；整合妥帖，学生就会自然而然习得知识中所蕴含的价值观念。说起来容易，做起来难，而真正做到了，教师的教学智慧也就体现出来了。

教师的语言行为

这个问题回答得不完整

“这个问题回答得不完整，哪位同学帮他（她）补充?”这样的教师语言，我们在课堂上屡屡听到，以至于我们有时感到这是教师面对回答问题不准确的学生唯一的处理方法。对这样的语言，我们有进一步推敲的必要。

在这一语句中，教师关注的焦点不是学生，不是学生回答问题的思路、已有知识经验对这个问题所产生的制约或促进、学生回答不完整的原因，而是问题的正确答案。也就是说，教师是以问题正确答案的获得作为教学的主要旨趣的。教师在教学设计阶段，已经知晓了问题的答案，教学实施阶段就是让学生能找到这个答案。如果正确答案出现了，这个教学环节也就结束了，马上就可以进入下一个教学环节。如果正确答案未出现，就要寻找他人来给出答案。答案，对问题的解答，是教师在教学关注的主要对象；学生，学生对问题的不同思考，不是教师关注的要点。

一个人思考问题时常会有其局限性，这是与其成长背景、已有经验、思维水平、认知特点等紧密联系在一起的。在对问题的分析中，这种局限性反映出的是他思维的真实状态、认识的起始水平。如果教师能够引导他分析自身认识的局限、思维的障碍，进而得出正确的答案，学生藉此就有可能获得一定的进步，就会在深化认识中提升自己的解题水平，在多向思维中超越自己的现有状态。

这里，有一个问题，就是教师关注重点与学生内在需求存在着一定程度的“错位”。前者是教学任务，后者是通过学习中的肯定产生的成就感。完成预定的教学任务固然重要，并且每门课的教学时间是有相当严格的规定的，超出时间规定常常是不现实的。但是，完成任务有多种形式与途径，教师在学生回答问题过程中的驻足停留，对学生问题回答不准确原因的即时判断与分析，不仅会对学生产生积极影响，而且也会为后续教学提供支撑。

遇到类似的问题，教师能否进一步设想并实施其他的解决问题的方法，如引导学生进行思考、延时对学生进行评价等。在教学定位上更多地关注学生而不是单一的教学任务，至少在教学任务完成与学生内在心理需求之间寻找一个恰当的平衡点，在学生的评价上，更多地运用积极评价而不是消极评价，激发而不是降低学生的学习热情，可能是解决这个问题的基本思路。

这个问题回答得对不对

“这个问题回答得对不对?”“对!”“他（她）回答得好不好?”“好。”课堂上教师与学生之间这样的一问一答，教师一呼、学生齐应的现象，我们大多遇到过。这样的问题，教师问得直接，学生答得明了，课堂气氛很是融洽，可以说是另一种师生和谐、其乐融融的“互动”。

这样的“互动”无疑活跃了课堂气氛，对激发学生的学习热情有一定帮助。

但在一堂课上，如果这样的对话过多，也会影响教学的深度推进，也会使教学停留在浅表的层面上。

课堂需要互动，教学需要对话。在这点上，广大教师已越来越多地达成了共识，但课堂需要什么样的互动或对话，还需作进一步的思考与探究。

课堂上的互动是多样的，既有实质性的互动，也有形式上的互动；既有有效互动，也有低效甚至是无效的互动；既有积极的互动，也有消极的互动；既有单向的互动，也有多向的互动。对不对，对；好不好，好。类似这样的互动属于哪些类别呢？应该说，这样的互动有了互动的形式，问答连贯，相互激发，话语碰撞，但互动的实质性内容不多，含有的智慧性成分有限；这样的互动有一定的成效，主要表现在氛围的营造与烘托上，但效果恐怕不够明显、突出，可以说是一种低效的互动；这样的互动是由教师引发的，学生的齐答是对教师问话的呼应，相对来说是被动的，几乎也是消极的；这样的互动是教师与学生整体之间展开的，是一种单向的互动，缺乏其他相关维度的互动作支撑。

这样的互动在小学或初中低年级有一定的应用价值，年级稍高，年龄稍长，其效用就变得十分有限了。

这个问题你怎么看

“这个问题你怎么看?”课堂上教师这样的问话常常会存在。对这样的问话，一般来说有两个方面的用意，一是激励学生面对一个问题寻找多种解决问题的思路与方案，不固守某一固定答案，在思维的发散中产生创新火花；二是教师对问题早已有了固定答案，而刚才的同学没有给出这个答案，教师转向其他同学作出这样的问话，其目的是期待“正确答案”出现，以便进入教学的下一个环节。

对于前者，我们持赞同态度。创新教育也好，教育创新也罢，都需要教师引导学生质疑问难，在多样性中滋生创新，在差异性中孕育创意，在个别性中培植创造。在同学提出对问题的看法后，或者教师给出问题的答案后，抑或是教材上某一已有的结论呈现后，教师引导学生针对这一问题的解决方案或答案提出自己的看法，在这个过程中，既给了学生自主支配的时间和空间，也使得学生开动脑筋去思考对该问题的认识。无论是寻找多种答案，还是对既有答案进行评论，都能促使学生围绕该问题谈出自己的观点，在已有的知识经验与现有问题之间架设起桥梁，从而将自己的认知结构激活。创新是在一点一滴中培养起来的，教师这样的问话就此意义上讲，有着激发创新的要素在里面。

对于后者，我们持存疑的态度。教师在进行教学设计时，对教学的重点和难点有一定的认识，同时对重点难点范围内的诸问题也有一定的看法，这是正常的。问题在于，在围绕一个疑难问题形成先验的结论后，对课堂上出现的不一致的答案怎样引导。如果教师是在第二种含义上使用这一问话的话，那么，也多少意味着教师放弃了引导的努力，只是一味地等待正确答案的出现。之所以转向其他同学，也是在向其他同学求助，期待他们能改变前面同学的答案，给出与教参一致或与教师自己得出的答案一致的结论。这样的教学，重心仍然在答案的形成，而有意无意之间忽略了学生内心世界的关照，忽略了引导学生从错误逐渐发展变化为正确。

一句问话，有着不同的取向，其具体含义需要在具体的教学场景中来确定。课堂上，有时我们需要关注教师说了什么话，但更重要的还要看这位教师是怎么说的？在什么样的情景下说的？怎么说或者什么情况下说有时比说什么还重要！

这个问题同学们听懂了吗

教师问："这个问题同学们听懂了吗?"学生齐答："听懂了。"这样的师生对话在课堂上并不少见。教师为了验证学生对问题的理解情况，向全体同学提出这一问题，而我们看到学生的应答也大多一致，总是"听懂了"，不作出回答或回答"没听懂"，几乎从未遇到过。

首先，这个问题的答案与解题思路是以教师讲授为手段的，往往是教师针对教学中的一个疑难问题，进行详细的讲解，讲解完毕，再询问学生的理解情况。这里蕴含的问题是，是不是疑难问题都需要教师自己来讲解，学生的自主探究、合作学习是否也可以成为解决、解释这个问题的重要途径。如果在课堂上，我们总是听到类似的问话，在一定程度上恰恰说明，我们的课堂仍处在教师讲授的支配框架下，是通过讲授传授知识，学生是知识的接受者和理解者，而不是课堂的积极参与者和对话者。

其次，这个问题的提出体现的是教师对自己讲解的不自信。因为是教师个人按照自己的理解，结合学生的思维水平对问题进行的细致分析，从教师的角度来看，他觉得已经把问题说清楚了，但从学生的立场来看，是不是清楚了，他并没有十分的把握。信心不足，也就需要求证于学生。有点类似于我们去菜市场买菜，出于心理作用，觉得心里没底，总是要问问卖菜的商贩"这菜新鲜吗"?

再次，这样的问题得到的答案又往往是"听懂了"，这又是什么原因呢？经过教师的讲解，班级里肯定有一部分学生已经理解了，他们的真正理解使他们有勇气有自信说出“听懂了”，他们的声音哪怕是几个人的声音都会产生一定的“共鸣”效应。那些稍懂而又未全懂的学生，处此状态下，也不甘人后，感觉到自己总归有些懂了，回答“懂”也就显得理直气壮。班级里还有一些学生根本未懂，在“听懂了”的“大潮”中也不太适宜发出“逆音”，只能随声附和，或者默不作声。

课堂上，不一定让学生“听懂”，而是经由学生之间的相互智慧碰撞、经过学生自身的思考探索“弄懂”；不一定由教师发出是否听懂的质询，教师从学生的面部表情、实际活动状态、思维深刻程度等也可以给出相应判断。这可能是另一种选择。

谁来回答一下这位同学的问题

在课堂上，有同学针对教学中的疑难提出了自己的问题，此时，教师没有对这个问题予以回答，而是将回答问题的主动权交给其他同学，请其他同学对这个问题作出回答。课堂上的这一细节，在我听课时，越来越多地遇到，也让我越来越多地感受到教师教学观念的细微变化。

课堂上学生有疑难，有困惑，有不解，是正常的，这说明教学活动的确是在学生“最近发展区”上进行的，是需要学生“跳一跳，摘桃子”的，是在学生原有认知结构与现有知识要求之间建立联系的。在这种情况下，学生理解有先后，认识有高下，解决问题的水平有高低，难免出现这样或那样的疑问。当学生提出自己的问题时，是不是都需要教师来作出回答，从而结束学生的认知求索过程呢？我看也并不见得。例证中的教师，就是将解决问题的权利让渡给其他同学，充分利用来自于学生自身的资源对这些问题进行分析和思考，反映出的是将自己的姿态放低，将学生的潜在资源转化为教学的实际资源，让学生在互帮互学中共同成长。

对学有困难的同学来讲，或者对某一特定问题学有难度的同学来讲，让他的同学充当问题的共同解决者，困难的共同克服者，他会在一定程度上感到更亲近和更自然，也会在一定程度上激发他自己破解难题的勇气，以及进一步探索问题的强烈欲望。假如只是由教师来给出固定答案，学生碍于情面或其他原因很有可能无法再继续就自己的困惑提出疑问，学习活动就有可能戛然而止，教师的教学转而关注新的知识点或教学难题。

学会合作，是当今我们对学生的基本要求。加强团队建设，是当今我们在学生成长过程中的基本导向。在课堂上，给学生合作与分享留有较大空间，不仅解决的是学生在学习过程中存在的疑难问题，而且也会进一步增强学生的团队精神，帮助他人的意识，与人相处的技能与技巧。对这一问题，我们既要从知识掌握、师生关系的角度来考量，也要从学生态度、意识、价值观的立场来定位。

把这个机会让给其他同学好吗

教师提出问题，静候同学作出应答，其间他注意到一位同学高高举起手来想获得这次回答问题的机会，而这位同学刚刚已经对另一个问题作出了圆满回答，并得到大家的认可。此时，教师转向这位同学，用征询意见的口吻问道：把这个机会让给其他同学好吗？这位同学欣然同意，将手放了下去。这样的场景，在近来听课中越来越常见，体现出了课堂中的一些可喜变化。

一个普通的班级，大致有四五十个学生，而一堂课，也就是四十五分钟，按一分钟提问一个问题计算，一堂课教师提出的问题也就在四十五个左右，大致平均每个人有一次回答问题的机会。然而一般的课堂不会问这么多的问题。给学生自主支配的时间空间越多，问题的总量反而会越少。在这种情况下，回答问题的机会不应过多地集中在某个或某些学生身上，而应该兼顾到较多的学生，让更多的学生有机会参与课堂，有对问题发表个人意见的可能。

学生在课堂上参与的方式有很多，而回答问题是其中重要的方式之一，有时甚至是最为重要的方式。站在大庭广众之下，暴露在众目睽睽之中，表达自己对问题的看法，说出自己的独到思考，在有些情况下，最能体现其个人独特性，最能反映自身的课堂参与价值。作为教师来说，要认识到学生回答问题的重要性，要调节好不同学生的参与状态和比例，用自己协调者的角色统筹安排好课堂中不同学生的应答。课堂公平是所有教育公平中最细微的，可能也是对学生影响最大的部分（至少进同一所学校后是如此）。公平调节的杠杆在教师，有些学生应答机会多了，就需要适当减少；有些学生应答机会少了，就需要积极鼓励、促使其大胆对问题作出回答，不断增加其应答的体验和获得认可的机会，逐渐使其由课堂“边缘人”的状态中摆脱出来。教师在课堂上运用“权力”杠杆调节“冷热不均”的作用，需要进一步强化。从这个意义上，在把学习的主动权交给学生的今天，还需要进一步思考教师需要赋予学生哪些先前没有的相对缺失的权利。

“把这个机会让给其他同学，好吗?”这样的问话，不仅透露出柔情，还体现着老师对这个同学的关注。这样做意味着，老师已经充分注意到了学生回答问题的积极性，老师也相信这位同学能够对问题作出较好的回答，但从课堂整体来看，从参与机会均等的原则来看，这次机会似乎让给其他同学更好一些。对这位同学而言，他不太会因此泄气，因此削弱自己以后积极回答问题的热情，因此而变得不开心。他在与教师这样的交往中，也会意识到公平、公正其实是处理人与人关系以及公共事务的基本准则。

从关注少数学生到关注大多数学生，从急于寻求问题的正确答案到真诚关切学生的心理变化，我们的教师正在对课堂进行着一系列新的探索和努力，正在使自己的教学真正体现对学生的关注、关切、关爱!

你这个问题问得很好，我现在回答不上来

在课堂上，我们常听到老师面对学生提出的而自己又无法回答的问题，会有这样的答复："你这个问题问得很好，老师现在回答不上来，下课后我们再讨论一下。"这样的答复几乎成为很多老师面对难题百试百灵的妙药。其实，这种应对措施，并不见得恰当。

今天的课堂，教学重心下移了，学生活跃了，课堂灵动了，在对话与思维的碰撞中，学生难免会突发奇想，提出各种各样的问题。学生有问题，有疑难，一定程度上说明他们的思维处在活跃状态，他们正在积极参与到课堂教学的各项活动之中，在他们脑海中出现的疑难问题往往是指向多元，要予以正确解答比较困难。

教师的上述做法虽然缓解了来自于学生的压力，借助于推迟战术将问题的研讨拖后到了课后来解决，但也蕴含着一些需要注意的问题。

第一，面对学生提出的问题，并不见得都由教师来回答，学生也可以成为问题的解答者甚至是评判者。既然教学重心已经下移了，那么，下移的重心也包括学生对自身问题的解释、说明、解答。换句话说，学生既是问题的提出者，也可以成为问题的解决者。

第二，面对学生提出的问题，教师越来越难以胜任回答的职责，需要考虑其他方式来应对这种情况。学生出身各异，成长背景差异甚大，知识结构彼此不同，视角也有着一定的区别，在这种情况下，对问题进行分析

时，的确是“一千个读者有一千个哈姆雷特”的。他们的出其不意、精灵古怪，常会陷教师于招架状态之中。处此情景，教师不见得所有问题都得自己扛，让他自己试着回答或动员班级其他学生回答都是可以的。

第三，如果面对学生提出的问题，教师总是以这种方式来处理，久而久之，就会在一定程度上影响自身的教学权威形象，甚至有可能造成学生在课堂上争相提问并比试看谁难得住教师的现象。在这个问题的处理上，不能以不变应万变，同样需要探寻多种解决问题的方式，需要分析学生问题提出的背景、立场、角度、缘由，并将其作为后续教学资源加以有效利用。

学生有问题，是件好的事情。学生勇于在课堂上提出问题，是值得鼓励和表扬的事情。学生能够提出问题并进而通过自身的努力解决问题，更是值得大力倡导的事情。在这里，教师要注意的是，你不是所有问题的解决者和解答者，学生也蕴含着大量的问题解决资源。

你在想什么呢

“你在想什么呢?”对于课堂上老师这样的指责，我想各位听课者大多都听到过。某个学生没有回答出问题，或者若有所思，或者有些小动作，或者有点魂不守舍，老师时常会用这样的问话指责学生。这样的指责或批评有效果吗?合适吗?

这样的指责，老师实际上并不期望有答案出现。学生在想什么，并不是老师所关心的，老师关心的是要学生将注意力集中到当下的课业上来，将关注的对象转移到课堂上要学习的对象上来。对于学生来说，要真正让他或她说出自己到底想什么，一定程度上也是不可能的。他或她所想的，并不见得是他或她所说的，况且在他或她想的内容中，有大量只可意会不可言传的成分，我们老师不也常讲自己拥有“缄默知识”，说出来的东西仅仅是思维总量的冰山一角吗?

课堂上，学生偶尔转移注意力是难免的。心理学研究成果告诉我们，儿童的有效注意力平均在15～20分钟左右，也就是说，每隔15～20分钟，学生的注意力难免会有所转移。这种转移，是注意力自身调节的一部分，一方面是注意力分散了，可能会影响时下知识的掌握，另一方面也有其正面作用，致使其有精力将注意力集中在后续的课业上。偶尔的转移或分散，对其以后的学习有着一定益处。

学生注意力转移，原因还来自于课堂教学对他的吸引程度。如果教学是枯燥的，没有激发他的学习热情，学生没有自身参与的机会，只是旁观者和静听者，注意力难免分散，思维难免不集中。遇此情况，教师应该更多地从自身的教学寻找原因，要尽量激发学生的参与热情，给学生创设自主支配的时间和空间，靠自己教学的吸引力扭转学生的注意力，靠自己教学的内在魅力抓住学生的目光与思维。

课堂上有一些对学生的消极评价，并不见得完全都是不应该的，关键是怎么运用消极评价，运用怎样的消极评价。一味的指责，能换来学生注意力的真正转移吗？讽刺挖苦能使得学生焕发学习的动机吗？我看很难。作为教师，作为成人，我们都有类似体会，遇到类似指责的时候我们的心境是怎样的，我想大家都有一定感受。心同此理，学生也是如此。

连某某都已经举手了

在听课中，我曾遇到这样一个场景：老师提出了一个问题，要学生予以回答。问题提出后，学生稍微沉默了一会儿，一位同学率先举手要回答问题。老师看到他举手以后，说道："大家看，连某某都已经举手了，其他同学要认真思考。"待其他同学纷纷举手后，老师选择了让其他同学回答问题。

这看似不经意的做法，隐含着不少需要我们进一步关注的问题。这一句话对学生来说意味着什么呢？这样的做法对学生会有什么样的影响呢？

我想，对这位同学来讲，他不会觉得是对自己的一种表扬和肯定。他或许会想，连我这么笨或不优秀的学生都已经想出了问题的答案，你们更优秀的学生为什么还没有举手呢？这种心理感受不会让他有成就感，反而在与其他同学的对比和参照中体会到更多的挫败感。教师的这句漫不经心的话，可能使其回答问题的勇气受到挫折，使其刚刚产生的参与课堂教学的热情大幅度降低，使其进一步沉溺在自己的世界，进而停留在教师以为的他不优秀的行列。

对于其他同学来讲，教师的这句话强化了有些同学的相关认识，这位同学在班级里不属于优秀行列，我们就应该比他更有智慧，对问题有更准确的把握，应该走在他的前列，他都能做到的，我们要更能做到。在这句话中，教师的认识和看法会有意无意影响其他同学对这位同学的认识和看法。

关注学生个别差异，满足学生不同的学习需求，是新课程的基本主张。教师在课堂教学中，也应该按照这一基本主张规范自身的行为。对于学生来说，课堂上的每点进步，都是需要教师加以关注和鼓励的。如果教师经常将其在群体框架中进行评价，用群体的水平来评判个别学生的行为，就有可能扼杀学生学习的积极性，降低学生的参与兴趣，减弱学生的学习动机，最终使学生仍停留在原有的水平上。

教师的言行，关乎学生的成长。课堂上的言行，更是起着引导性作用。这位教师之所以出现这样的问题，一个根本的原因是在学生观上产生了偏差，用过去的眼光看学生的进步，用群体的标准评判单个具体学生，用不恰当的语言标示学生的行为，恰恰反映出教师没有能够正确认识学生，认识自己。

同学们课上不许（不要、不能）……

“今天有很多老师来听课，同学们在上课时要注意听讲，不要走神，要集中注意力听老师讲课……”类似的语言，我们在听课时时常会听到，“不许、不要、不能”在课堂上不绝于耳。这样的语句有没有替代的可能，这样的说法是不是合适？

“不许、不要、不能”，这样的说法大多体现在法律规范、行政管理、制度规定等语言中。用这些语言，可以明确被约束对象的行为底线，以及超越这些行为底线时相应的惩罚条款。这样的规定，内容清晰，一目了然，每个被规范的对象都有相对较为明晰的概念。

“不许、不要、不能”，这样的语言也大多体现在有上下之分、尊卑之别的人群用语之中。使用这样的语言的人，高高在上，有时还位高权重，盛气凌人。他们与下属或下代有着地位、权力上的区别，自觉有资格来调教、指导下属或下代，常常借助于这样的语言来体现自身的权威与地位。

这样的语言，至少在一定程度上是外在于被约束对象的，使用这样语言的人极少去考虑被约束对象的内心感受，也不会切身去考虑被约束对象间的个别差异，强调的是外在力量对人行为和内心的干预，强制性地要求对方服从相关的规定。

教学情景不同于行政管理情景，教师与学生也不需要保持鲜明的上下关系。教学不是行政管理，教师与学生之间也没有科层结构的相关要求，不用一级对一级负责，在这种情况下，强制性的带有行政约束色彩的语言也就不太适宜了，至少不应在教师与学生相互关系中经常使用或出现。在今天，教师与学生应该构成的是一种非强制性关系，教师需要走进学生丰富的内心世界，把握学生的文化特征，体会学生的生存境况，在与学生的交往中切实起到引导性作用。既然如此，教师在与学生进行交往时，就要少一些行政性语言，少一些颐指气使的言论。变“不许”为温文尔雅的提示，变“不要”为体贴入微的导引，变“不能”为循循善诱的教诲，在今天尤为必要。规范容易，引领困难；约束容易，提示困难；框定容易，诱导困难。在这方面，我们教师还要付出更多的努力！

教参上也是这样写的

记得在听初中语文《白毛女》选场的课时，一位教师引导学生分析《白毛女》的第一场是从哪几个方面描写的，学生回答时提到了两种不同的说法，“穆仁智到杨白劳家去讨债”，“穆仁智要杨白劳到少东家去”。老师作出评述，“无论用‘到’还是‘要’都不合适，应该用‘逼’或者应该用‘骗’”，然后写出“逼”和“骗”的板书。看到下面的同学没有反应，老师追加了一句话：“教参上也是这样写的。”

在课堂上，听到这句话，我有点错愕。虽然我也知道老师在课堂上得出的认识或答案不少来自于教参，但在课上直截了当地坦承教参上也是这么写的，倒不多见。这里引发的不是我们佩服教师的坦诚和直率，而是一个待思考的问题，即把教参上的答案作为教学追求的直接目标是否恰当？

一段时间以来，我们的教师越来越倚重教参，甚至有的教师离开了教参就不知道如何进行教学了，对教参的依赖程度越来越深，自身的教学行为越来越受教参支配。教参在中国起于20世纪初。“废科举，兴学校”，洋学堂出现。洋学堂区别于原有私塾教学的重大特点，就在于洋学堂是以班级上课制为教学的主要形式，教师由原有的个别化教学转为班级教学，需要有相应的教学指导作支撑，教参此时应运而生。一个世纪过去了，教参的作用和价值在今天都需要重新认识和限定，教师对教参的态度也应该从原有的简单借用和依靠转变为“参考”和借鉴，但对一些教师而言，似乎还没有做到这点。

我们常说，教学是充满智慧挑战的活动，如果确实如此的话，教参就应该降低其地位和作用，教师在课堂上的动态生成与即时资源的利用，应该成为教学的常态形式。上述现象的存在，说明我们有的教师对教参仍“言听计从”、“亦步亦趋”，没有跳出教参看教学，离开教参写教案。教参的答案不是唯一答案，将这些答案看作教学中的目标指向，并将所有教学活动都维系在这些答案身上，更值得商榷。

退一步讲，即使教参上的答案是正确的，教师也应该引导学生充分认识自己的答案与教参答案之间的差距，对产生这种差距的原因进行探讨和剖析，进而探寻解决问题的正确途径和方法。上述案例中，虽然学生最终也得知了所谓的正确答案，也知道了答案的来源，但并不知晓如何得出这样的答案，以后遇到类似的问题时，仍处在原初的认识水平上。

谁来总结（评价）一下刚才各位同学的观点

近来听课，注意到这样一个细节，是以前少见的，那就是老师在让同学们对问题进行思考并提出各种答案以后，进一步让同学自己对各种不同看法与认识进行总结或评论，而不是由教师“代劳”。这一变化貌似微小，反映的意义却重大，从中也体现出了教师教学理念的一些转变。

我们常常讲创新教育，提倡教育要注意将学生创新精神、创新能力的培养落到实处。创新可以体现在教育的各个方面，其中课堂是重要的阵地，是不可或缺的一个环节。如果创新离开了课堂，所谓创新教育可能也就无处落实了。那么，如何在课堂上培养学生的创新精神和能力呢？一个非常重要的方面就是要给学生自由支配的时间和空间，让学生有自主表达和发表意见的机会，对问题作出批判性分析。教师让学生尽可能充分地发表意见、质疑问难，是在让学生用自己的眼睛观察外部世界，运用自己的视野去分析所面临的各种复杂场景，无疑对激发学生的创造热情有一定的帮助。教师让同学对其他人的观点作出评析，更是促使这些同学用分析、甄别、判断、评论的眼光去看待他人的认识，通过更为复杂的智慧活动学会批判性地认识外部世界，进而形成“人云亦云不云，老生常谈不谈”的创新品质。

我们常常讲培养学生学会学习的能力，以便让学生适应信息化社会的挑战。教师让学生自己去总结、提炼各种不同的观点，并指导学生在收集、分析、整理各种不同观点时需要注意的事项，实际上就是在为学生收集信息、整理信息提供着注脚。学生置身于数字化、信息化、学习化社会中，每天面临着各种信息的冲击，如何在各种各样的信息中把握关键、区分重点、对比差异、提炼概括是一大难题。教师在课堂上对学生总结信息等行为的指导，对于形成学生良好的信息素养、成为信息的主人帮助甚大。另外，教师让学生自己对他人的观点进行评论，对于形成学生独立思考、从多个角度看问题、善于吸纳不同观点等思维品质以及学习能力的形成也不无帮助。

我们常常讲要把握、利用、整合各方面的教育教学资源，实现教育重心下移。当教师不是自己来总结、评论所产生的各种认识、观点、答案，而是由学生来完成这些教学行为的时候，我们就是在把学生身上所具有的教学资源从潜在的状态上升到显性状态，从个体状态上升到群体共有的状态，从散乱状态上升到整合状态。今日的学生，接受信息多，思维活跃，认知结构与水平差异大，某一个或一些学生的认识不能替代其他学生的认识，某一个或一些学生的答案并不等同于其他学生的答案，某一个或一些学生的思维状态并不等同于其他学生的思维状态，这为学生自愿的相互借鉴提供了土壤。同时，学生自身作出的总结与评判，虽然并不见得全面，但经由这一环节，学生自身思考了、参与了，教师在此基础上的讲解才更有针对性和时效性。教学重心下移并不仅在于把问题答案的寻找权交给学生，还在于把答案的评判权、总结权交给学生。

总结权、评论权下放，是一个可喜的现象。我们的老师就是应该在这些方面进行探讨，多提炼相关经验与智慧，逐步使课堂呈现出全新的面貌。

同学们紧张吗

“今天有很多老师来听课，同学们紧张吗?”老师问。“不紧张”，孩子们异口同声地回答。这样的场景，老师们在听课时大体都或多或少遇到过。前几年听课较多，我遇到这种场景的机会也就不少。这样的问话貌似要缓解学生的紧张情绪，但其实更多的是缓解教师的紧张与焦虑。

有其他教师或者专家听课，对于孩子们来说，课堂会变得不同寻常，因为有更多的老师走进他们的课堂，可能意味着对他们课堂学习情况的认可，可能意味着来仔细观察他们在课堂上的行为表现，可能意味着对他们的任课教师来作出评价等。这样一些原因的存在，势必会导致学生在课堂上比往常更集中注意力，更好地表现自己，学生也会因此而有一些紧张的情绪反应。但总体来讲，由于自己在课堂上的角色地位，学生即使紧张的话，也是有限的，毕竟支配课堂的不是他们，他们仅仅是课堂中几十分之一的参与者而已，轮到自己回答问题或其他表现的机会不会太多。

情绪紧张的是教师。听课者大多密切关注的是任课教师的一举一动，关注的是教师的课堂教学布局以及教学语言和行为的运用，即使观察学生，也是反过来思考教师的指导是否得法，日常对学生学习方法、习惯的引导是否到位等。在这样的场景下，教师紧张、焦虑是正常的。但教师为什么会反过来问“同学们紧张吗”?出现这样的问话，也属正常。一个人有紧张心理状态的时候，需要想办法化解紧张，降低焦虑。缓解紧张与焦虑的方式方法有很多，通过言语的方式表达出来也是其中一种。美国前总统克林顿是言语表达的高手，但是他在白宫草坪前发表演讲时也很紧张。他的部下回忆，克林顿第一次在白宫草坪前发表演讲的时候，在大门推开即将步入草坪的一刹那，克林顿回转身来，向下属说了这样一句话：大家都不要紧张。其实这个时候，恰恰说明克林顿已经紧张到了极点，他是借助于这句话来缓解紧张情绪。发表演讲的是克林顿，而不是随从。随从作为听众，有什么好紧张的，倒是克林顿应该紧张。

缓解紧张情绪的方法很多，通过询问学生是否紧张将紧张情绪加以转移，是其中一种。此外，老师在上公开课时，还可以通过其他多种方法缓解紧张心理，如深呼吸、在讲课时注意多用手势辅助言语、讲课前在头脑中呈现美丽的自然风景、做好充分的课前准备等。方式方法有很多，不见得只有询问学生是否紧张一种方式。如果学生真紧张的话，也可以让他们闭上眼睛稍加休息，或回忆最近的一次愉悦的活动经历等。

杨老师对某位同学问题回答的复述

曾经在听课时看到这样一幕：一位姓杨的老师，任教的是高中数学课，教学内容为奇函数和偶函数。在黑板上列出一道练习题后，老师请一位男生回答问题。这位男生刚从其他学校转来不久，可能是说话有地方口音，也可能是一时站起来紧张，回答问题有点结巴，还带有浓重的“乡音”，课堂上其他同学窃笑，几乎没有人倾听这位同学的答案。杨老师走到这位同学身边，静静地注视着他，也用心倾听着这位同学的回答。这位同学回答结束后，杨老师转向班级所有同学提问：哪位同学说说刚才这位同学告诉了我们什么？他提到的哪些知识是我们到现在为止还没有学过的？

课堂上鸦雀无声，一片沉寂，没有人能回答出老师的提问，因为没有人认真倾听这位同学的回答，甚至连他的同桌也因与其他同学一样的漫不经心而无法作出回答。杨老师接下去复述了一遍刚才这位同学的回答，条分缕析地对这道练习题进行了探讨。杨老师讲述过程中，课堂上沉寂极了，掉根针都可以听到。杨老师详细告诉了大家刚才这位同学作出的回答内容有哪些，他提到的哪些知识是我们目前还没有学到的。

对这种复述，我把它理解为对这位同学的一种难得的正面评价；对这种复述，我把它理解为对其他同学的一种带有艺术性的负面评价。这种复述所具有的评价含义是潜在的，是用一种隐蔽的方式对不同学生的不同表现进行评判。杨老师没有用这样的语言批评学生：你们都需要注意听这位同学回答问题，你们在没有真正倾听别人回答之前，有什么资格嘲笑别人？杨老师也没有用这样的语言表扬这位同学：大家看，这位同学回答得多好，他对问题的理解多深刻，他已经走在我们大家的前面了。

课堂上的评价有多种形式，有的评价是显在的，是以外显的形式表现出来的；有的评价是隐含的，是以隐蔽的形式表现出来的。两种评价形态都有其存在的理由和空间。在实际中，我们过多地关注前者，对后者则理解较少，应用就更少。其实，后者，在一定程度上恰恰能体现我们常讲的教学艺术，在不露痕迹之间让学生感受到老师的表扬或批评，在无声无息之间让学生体味到老师倡导的方向。有人说，隐蔽的课程可能才是真正的课程，“随风潜入夜，润物细无声”的教育可能才是真正的教育。这话虽不见得全面，但有道理。在教育教学实践第一线，我觉得我们应该多一些像这位杨老师一样的对学生的评价，少一些外在的、廉价的、不能起到促进激励作用的评价。

课堂中的非语言行为

教师的手势

听课时，我大多既关注教师对课堂教学的整体设计，注重把握课堂各教学环节与结构，同时也关注课堂上师生的各种具体行为，注重把握不同行为所具有的不同意蕴。我曾把这种听课的方法称之为“全息透视”［详细的听课方法，可参见我撰写的《听课的技能与技巧》一文］。听课过程中，我曾有意识地观察教师在课堂上使用的手势，并且注意解读手势的意义，感到某些教师的手势使用恰当，而有些教师的手势使用则不甚恰当。

有的教师使用的手势，是右手掌心冲下，从左到右，覆盖班级每个同学，同时口中振振有词：“你们各位同学……”这样的手势，表现的是教师的强势，教师有意无意将自己放在居高临下的位置，好像各位同学如同自己的“臣民”一样，他有权力来颐指气使，发出指令。班级的各位同学，也只能“听命”于老师，“师命不可违”。虽然做这样手势的老师，嘴上可能说的是素质教育、新课程改革，但在体态语言上，已经体现出他并没有真正想把学生放在可以平等对话的地位上。

有的教师手势杂乱，甚至可以称得上让人眼花缭乱。手势语作为非言语沟通的重要手段，主要的目的在于强化言语所发出的信息，使非言语与言语相得益彰。过于杂乱的手势，传递的信息往往是不一致的，有时也会转移学生的注意力，反而使学生对言语的理解出现问题。美国一些媒体之所以对其副总统切尼的手势大肆抨击，就在于切尼的手势花样繁多，让人目不暇接，使公众对其言论的理解产生差异。

有的教师在课上基本没有手势，这也不见得恰当。传播学告诉我们，人与人在进行面对面沟通的时候，言语传递信息占百分之三十，非言语传递信息占百分之七十。也就是说，非言语传递的信息要远多于言语传递的信息。非言语包括语音语气语调、面部表情、身体姿态、手势、服饰、空间距离等，手势是其中重要的组成部分。教师借助于手势可以强调某些言语信息，可以体现自己的某些态度和情感，可以增强自己言语的说服力。

教师的手势没有统一的样式，很难说哪种手势是最为恰当的。教师要根据自己的性格特点、教学风格等不断探索形成自己独具特色的手势语，同时要在具体课堂场景中，运用不同手势。教师在上课时，不妨注意一下自己的手势，也可以让同行专门观察并评点自己的手势，或通过摄像将自己的手势语摄录下来加以分析。教师首先需要意识到自己手势语的存在，然后在这个基础上加以改进和完善。手势语的良好运用，不仅有助于自己在课堂上的教学，而且有助于与其他人的交往与沟通。

教师的行走路线

在听课时，我有时会画一些示意图，专门用来描绘教师在课堂上的行走路线，然后分析教师之所以这样走而不是那样走的原因，探究教师的教学理念以及与不同学生交往的频率。这样的示意图画起来也比较简单，只要将教师的活动区域、行走路线简单描绘出来就可以了，但有时说明的问题却是文字的记叙所难以表达的。

对这样的课堂细节，我们一些同行极少去关注。其实，如果我们学习过教育心理学的话，就都知晓心理学中著名的“皮格马利翁效应”，说明的是教师的期望不同，对学生产生的实际影响不同。而教师期望的传递方式，在课堂上常常就是借助于与学生的言语或非言语交流得以实现的。

一般来说，一位教师在课上始终站在自己的三尺讲台上，围着讲桌转的话，常常意味着这堂课主要是突出教师讲解，是以讲述为主要教学方法，教师更多关注的是自己的言语是否到位，板书是否工整，甚至是以教师自己为中心的。一位教师自己不停地在教室内游走，很少在讲台上出现的话，常常意味着教师更多地关注学生的学习状态，关注学生在课上的活动情况，关注自己与学生的深层次交流。运用讲述策略时，教师一般站在讲台上；运用讨论策略时，教师则需要游走于学生中间，及时发现学生存在的问题并加以指导；运用角色扮演策略时，教师则需要将讲台让给学生，以一个旁观者同时也是指导者的角色关注学生的表演状态，并引导其他同学对其表演行为进行具体分析等。

应该指出，教师是否一定要走下讲台，需要根据具体情况而定。不过，对于听课者来说，如果我们有意识地去记录或描绘一下教师在课堂上的行走路线，可能会让我们更多地观察到教师行为的一些细节，观察到教师对不同学生具体的指导行为以及这种指导行为的得当程度。课堂，是由教师和学生的一系列具体行为组成的，通过观察，将这些具体行为纳入视野并予以分析了，课堂才真正呈现其原始状态，改进课堂才会有具体而切实的“动作”。

用手擦黑板的老师

在课堂上，我们偶尔会注意到教师这样一个行为细节：老师在写板书时，因为各种原因会出现一些错误，然而他没有用黑板擦将错误内容擦掉，而是直接用自己的手擦黑板，然后书写上正确的答案。这样的行为虽然细小，但也给学生造成了一些不良影响。

用手擦黑板，首先反映出的是教师不良的卫生习惯。擦完黑板的双手，沾满了粉笔的灰尘，教师在课上就是用这双手来做着各种各样的动作，用手势语与学生进行沟通和交流。在这个过程中，学生也会潜在以为，个人卫生习惯并不是一件重要的事情，老师可以用手擦黑板，我们也可以在日常行为中不遵守良好的卫生习惯。教师的这双手，在整节课中，都会给学生传递一些不太正确的信息。

用手擦黑板，有时也反映出教师对待课堂行为缺乏深思熟虑，缺乏整体布局和安排。课堂上没有无足轻重的行为，每种行为都有寓意，学生也可能习得这种寓意，进而将其作为自身行为参照。因此，教师需要事先对相关的课堂行为进行筹划，尽可能将所有影响学生认知的行为纳入到教学设计之中，使其充分体现教育教学意义。只有做到事先谋划，才能避免课上行为的不当。

用手擦黑板，有时也反映出教师遇事的不冷静。板书出错了，惊慌之下，直接用手擦黑板，而不是寻找黑板擦，这种情况也是不少见的。在这种情况下，体现出的是教师缺乏相应的教学机智，一味地将关注重心集中在错误板书的修正上，没有借这一“生成”形成课堂教学的后续行为。教师在课上不可能任何时候都做到“不徐不疾，气定神闲”，但沉得住气，才不致使自己忙中再出错。

课堂无小事，这样对教师的要求好像苛刻了一些。但，教师毕竟是以自身为范的，一行一动都有可能给学生产生这样或那样的影响。我们注意到了这些细节，并且在教学设计时将这些细节考虑在内，同时不断在课堂上观察新的教学问题，反思解决问题的方法，就会使我们的教学更臻于完善，更贴近学生的需求，更能体现教育的示范作用。

指向学生脑袋的教鞭

在听课时，曾看到这样的一个场景，老师手执教鞭，指向一个同学的脑袋："你来回答一下这个问题。"有的时候，我也会看到类似的无教鞭场景，老师用手指向某位同学："你，说的就是你，你来说说这个问题怎么回答。"这大概可以称之为"徒手指点"。目睹这样的场景，我总是觉得心头不太舒服，觉得老师这样做好像少了点什么。

少了点什么呢？

至少是少了点对学生的尊重。每位同学都有其姓名，姓名作为一个人独特的生命价值的体现与活生生的个体紧密联系在一起，它有着特殊的含义，承载着这个同学特定的成长背景、生活阅历、个性特征等。教师在称呼每位同学的姓名时，其实也就是将这位同学与其他同学区别开来，将这位同学的最为明显的特征凸现出来，一定程度上反映着对这位同学的尊重。

至少是少了点设身处地地从学生的角度考虑问题。以学生的发展为本，不能仅仅停留在口头上，还需要贯彻落实在教育教学的各个方面，体现在师生交往的具体行为上。从学生的角度考虑问题，在学生的立场上换位思考，教师才能真切感受学生的内在心理世界，也才能采用学生乐于接受、善于接受的方式与学生进行沟通和对话。

至少是少了点教师专业的特有品质。教师专业化是这几年大家普遍关心的话题，经过一段时间的努力，教师在专业化的发展道路上确实迈出了较为坚实的步伐。作为专业化了的教师，应该在非常短的时间里熟悉自己服务的对象，准确地叫出所任教班级学生的名字，如果没有这样的一些基本功作为后盾，所说的专业化似乎也就成为空谈了。

有位教师曾经这样来论述叫出学生名字这个问题：做老师的想与学生亲近最大的诀窍就是背名字。开学的时候，还没上课前，拿到学生的名单，若是熟读学生们的名字，不仅不会因念不出名字而闹笑话，而且学生们会觉得你很关心、很在乎他们。然而要把学生的名字背起来，一班四五十个学生，几个班级算下来就一两百个，真不是件容易的事。后来发现利用第一堂课，要他们诉说自己名字的由来，之后无论对自己或对其他同学来说要记住名字则简单容易多了。这位教师的论述很平实，但说出了叫出学生名字在教育中的重要作用，同时也告诉我们怎样才能记住学生的名字，不妨一试。

你来回答问题

“你来回答问题。”教师指着某位举手或未举手的学生，发出这样的指令。这样的场景在课堂上我们也时常遇到。为什么教师不能叫出这位同学的名字？借班上课还情有可原（但借班上课本身值得商榷），但假如是自己一直任教的班级产生这种现象就不可原谅了。

叫出学生的名字，不仅反映了教师对学生的尊重，也反映了教师对学生的关注与重视。一个人的名字是一个人的标志，在这个名字里，体现着这位同学不同于其他同学的特质，也是这位同学把自己看作独立于他人的重要特征。一个人的名字表示着某种特定的意义，正如同英国牛津大学动物学系的戈德弗莱（H. C. J. Godfray）教授在 2007 年 3 月 15 日出版的《自然》杂志上评论的那样：“为了科学地理解任何事物，事物需要有一个公认而普遍的名字。”我们要认识一个人，也需要从这个人的名字入手。在课堂教学中，教师响亮地叫出这个名字的时候，在学生眼睛里一定程度上透射出教师是如何看待自己的想法。

每个名字都有自己的含义，都有和这个名字紧密联系在一起的各种特质，对教师来说也是如此。当其他人称呼教师为“你”的时候，教师本人会有什么样的心理感受？不尊重，没有将我与他人的区别凸现出来，没有关注到我与他人的不同之处。我想这样的心理感觉教师也会有的。对我们的学生而言，他们又何尝不是相同的心理感受呢?!

记得在阅读哈佛大学的某位教授关于案例教学的论述时，他提到，作为教师如果不能准确地叫出班级里每位同学的名字，是不可原谅的。作为案例教师要能够引领班级同学积极参与案例讨论，营造融洽的案例分析氛围，就要熟识自己的每位学生，对他们的特征有所了解，对他们的名字更应该烂熟于心。其实，不仅案例教学教师如此，其他教师也应该如此。因此，在教师接手一个班级时，第一件事情就是要认知班级里每位同学的名字。一方面要准确地读出他们的名字，切忌读错；另一方面要了解每个名字的含义，也许其父母或其他长辈在给孩子起名字时赋予了这样或那样的含义；最后要多做一些案头工作。这样的话，课堂才会在教师的引领下形成相互融洽、彼此分享的良好生态环境。

以人为本，体现在各个方面。能否叫出学生的名字，也是是否体现以学生发展为本的细节表现。

学生学习状态

主动走到讲台上的学生

“勾股定理”是初中数学的内容，我听的一堂课，教师讲的是“勾股定理在实际生活中的运用”。在课上，老师在黑板上列出了五道题目，让学生分小组进行解题。五道题目都来自于学生的生活经验，是将实际生活中的问题转化为应用题供学生思考。各小组同学解题热情高涨，主动参与，共同研讨，并很快得出了答案。最后，每个小组展示自己对问题的思考与答案。各小组介绍完毕，小组内的同学自动走到讲台前加以补充，其他小组的同学也到台前谈谈自己解决这个问题的其他方法，或者自己在思考过程中出现的错误。课堂讨论气氛活跃，对话状态积极。

课后，我询问任课老师，她带这个班级多久了，她回答：两个多月。我注意到，在孩子们轮番走到台前的时候，老师一直静静地关注着、思考着，她没有要求学生走到讲台前讲解，也没有打断孩子们对问题的轮番讲解，只是在有的同学讲解或思考出现短暂障碍时，才说上一两句话。从课堂状态看，教师好像是被“边缘化”了，但正是这种“边缘化”，使得学生脱颖而出了，学生可以从各自对问题的理解和认识出发，大胆地陈述自己的见解，坦诚地说出自己解题时犯的错误。

我们常常讲“关注学生个别差异，满足学生不同学习需求”，常常感到在今天班级上课制的情况下无法“因其材而施其教”，常常觉得只能实施讲授式教学，只能将预先准备好的知识传递给学生。其实在这个课堂上，学生主动参与、分陈己见，学生间的积极对话、思维碰撞，不就是一种“个别化教学”吗？关注差异，并不见得就一定要分层教学，也不见得一定要针对每个学生的状态，教师一对一地进行启发诱导。这堂课上，学生有机会说出自己的困惑，谈出自己的认识，有机会与其他同学交流，与教师交往，也就是教师在创设着学生自主支配的时间和空间，也就是在对学生的个别差异予以关注。

教育教学的改革，总体上不宜脱离课堂的常态形式，事实也证明，脱离了常态，难以持久，难以长期奏效，难以深入开展。同时，老师们还需要在常态课堂上，积极探索各种有效的因材施教的方式与方法，类似这位教师的做法，才是具有典型意义的，才是值得借鉴和推广的。上述事例中的老师，刚调入这个学校两个月，却在“自主互助教学模式”课题研究中，真正将教学重心下移，激发学生学习热情，让学生间的互助成为重要的工具与手段，从而呈现了课堂教学中这样的一种风貌。其他老师只要沉下心来，努力探索，也是完全可以做到的。

主动发问和被动应答

听课时，可以事先将教室内学生座位用示意图画出来，然后在课上记录一下学生主动发问或发言的情况，以及教师提出问题后学生应答的情况。经过记录，不难发现，主动发言的学生并不见得与被动应答的学生相一致，有时两者的差距是巨大的。

美国教育学家弗兰德斯在20世纪60年代发明了课堂教学师生互动观察量表，在量表中罗列了十个师生互动项目，其中教师支配的行为有7项：讲述、提问、发出指令、情感支持、批评、表扬、利用学生回答形成后续教学行为；学生支配的行为有2项：应答、主动发问；师生共享的行为有1项：沉默。我曾运用这种方式记录我们的课堂，发现学生主动发问这一项目不少情况下是空白的，也就是在课上学生很少有主动发言的机会。

有的课堂上，学生有主动发问的机会，而主动发问的学生常常并不见得是教师在课上经常提问的学生。这一差别，说明课堂上有一部分学生也许并不在教师提问关注的视野内，但他们有参与课堂的积极性，并试图通过主动发问引起教师的关注，维护自己参与课堂的权利，尽量争取在课堂上展示自己智慧或思维活动的机会。当然也存在这样的课堂：主动发问的学生与教师提问并作出应答的学生是一致的。这样的课堂，这部分学生成为“显赫”人物，无论教师提问与否，他们都会表达自己的看法，都会以积极的姿态出现在课堂上。但如此一来，也常常意味着其他同学可能越来越因为他们的突出表现，而置于被动旁听的地位。

应答固然重要，教师提出问题后，学生经由思考找寻出合适的答案，也可在一定程度上激活其思维，促使其将新旧知识联系起来，进而灵活运用新知。而主动发问，表现出的则是学生的独立思考，是其对未知问题的深入探究愿望。我们常常讲培养创新型人才，如果学生在课上连提出自己疑问的机会都没有，也就谈不上解决问题，谈不上培养探究问题的良好习惯，创新也就无从谈起了。

应答中，问题的提出者是教师；发问中，问题的提出者是学生。前者是以教师主动为表征的，后者是以学生主动为表征的。应答中，问题多来自于教材或教参的预设；发问中，问题多来自于学生用自己的眼睛看世界。前者表现的是知识掌握的要求，后者表现的是学生自身的智慧和学识。应答中，问题常有预定的答案，答案是给定了的；发问中，问题的答案是未定的，有时甚至是无解的问题。前者教师胸有成竹，后者教师难以测度掌控。教学中恰当地处理这两类行为，是必要的。

课堂上学生回答问题机会的不均衡

听课时，我常记录一下课堂上哪些同学获得回答问题的机会，不同学生回答问题的频次，以及哪些同学在课堂上没有回答问题的机会。这样的记录很简单，事先将课堂上课桌的摆放位置用图表示出来，按回答问题的顺序记录不同学生回答问题的几率。听完课后，再对回答问题的情况进行统计和分析。

每次听完课，我大体都会注意到这样一个事实：在一个班级内，学生获得回答问题的机会有时相差很大。有的同学一堂课回答问题达七八次，多的甚至达到十余次，而有的同学始终在课堂上是“听众”，是“旁观者”，没有回答问题的机会。

这样的不均衡有其合理因素。不可能所有课堂，学生都获得均等的回答问题的机会，均衡只能是相对的，不均衡则是绝对的。教师提出的问题不同，能够对问题作出回答的学生可能存在较大差异，教师也就需要根据学生特点选择不同的对象来回答。理解水平有差异，参与程度有不同，学习动机有高下，回答问题的可能性也就有了区别。可以说，在课堂上，无法形成一个统一的标准，来对回答问题的频次、几率等作出恒定的评判，大多数情况下是需要根据课堂的具体情况来加以分析的。

但，在有些课堂上，的确存在着回答问题机会严重不均衡，以致影响学生学习积极性调动和课堂教学目标达成的现象。我记得有一次听初中的英语课，全班37位同学，老师一堂课提问72人次，人均接近两次，但有3位同学获得了6次回答问题的机会，有7位同学一次都没有轮到。课后，与任课的教师交流，询问为什么会有这样的安排。老师如实地回答：他没有意识到这个问题。这样的回答，我想是符合老师的实际的。他并没有非常清晰的指向，一定要让这3位反复回答问题，一定去忽视另7位同学，他只是在课堂上随机提问。恰恰是这样的“无意识”，一定程度上反映了问题的所在。如果他是有意识的，还可说明他提问这些学生是经过自己一番思考的，是与学生实际需求或问题的难度等相联系的。“无意识”或“没想到”，才显示出这样选择学生回答问题的行为是多么的经不起推敲，这次对学生造成的影响在以后他也就不会有意识地去补救。

我们常常讨论教育机会均等、教育均衡发展这样的问题，其实，课堂上的不均衡也值得我们思考和分析。这样的不均衡是隐性的，对学生的影响却是巨大的。家长常以为，为了不让自己的孩子输在起跑线上，最好的办法就是择校，进入重点学校，但问题是进了重点，假如课堂参与几率差距过大，同样也会输在起跑线上。教师在教学设计阶段，不可能将在课堂上到底提问哪些学生都一一罗列出来，但至少在课堂提问时，对提问哪些学生要做些思考，不要把提问过于随意运用，不要把回答问题看作无足轻重的问题，不要不经任何思考就将学生叫起来回答问题。教师的教学反思，既可体现在教学前后，也可体现在教学过程中，后者反思的内容应将让这个同学回答问题是不是合适等包括在内。

高高举手的孩子获准回答问题的几率高

课堂上存在着这样的一种现象，不知各位同行注意到没有，就是那些高高举起手来的孩子，常常比那些举手“斯文”、“低调”的孩子获准回答问题的几率要高。老师提出问题后，环顾四周，首先进入老师视野的是那些高高举手甚至嘴里忍不住发出急促声音的孩子，老师也常让这些孩子来对问题作出回答。

“会哭的孩子有奶吃”，这种现象是不是普遍，我不敢断定，但课堂上的确存在着这样的情况。为什么老师愿意让这样的孩子来回答问题？原因至少有以下几方面：

一是，老师提出问题后，需要有学生应答，这样教学才能进入下一环节，教师的教学也才能“有序推进”。问题提出后，那些高高举手的孩子首先进入老师的视野，在有其他老师或者专家听课的时候，教师多少有些紧张，也需要有学生回答问题，以缓解自身的压力。如此一来，那些高高举手的孩子，获得回答问题的机会也就正常了。

二是，高高举手的孩子，一般说来，对老师提出的问题已经经过思考，至少自己觉得已经胸有成竹了。他们的成竹在胸，对问题答案的笃定，通过高高举手和口中发出的急迫的声音表现出来，这样的期望传递给了教师，教师自然也意识到了学生传递的信息，他也正在寻找能够回答出问题的学生。两者“一拍即合”，由高高举手的孩子回答问题也就自然而然了。

三是，在有些课堂上，一旦有其他教师或专家听课，我们的任课教师就会暗中作出这样的安排：对老师的提问能够作出回答的同学，要高高地把手举起来，而没有思考出答案的同学也不能“甘于落后”，也要把手举起来，只不过要把手举得低一点，这样的话，老师就很容易区分哪些同学能回答问题了。在这种情况下，高高举手演变成了一种信号，一种只有上课者与学生了解的暗语，不知情的只有听课的教师或专家。

三种情况，性质有些不同。对前两者，教师需要意识到这一问题的存在，然后在以后的教学中加以有意设计和改进，并且，只要不再将问题答案的寻找作为教学的唯一目标指向，既关注目标的实现，也关注过程的展现，那么，问题的解决不是一件难事。对最后一种情况，问题不太简单，甚至不再仅限于教学范围内，也就是除了教学上的要求之外，还掺杂了不少职业道德与规范的因素，弄虚作假，虚与委蛇，做表面文章，这对教师来说，都是不应该有的行为。教人求真，自己要真；教人唯实，自己要实；教人诚恳，自己要诚。这样的道理，我想作伪者也是心知肚明的。

课堂上的沉默

有些课堂，当老师提出问题后，学生群起而响应之，但也有些课堂，学生对教师的提问没有响应，课堂上一片沉寂。即使在同一课堂上，有时问题提出后，响应者众，有时则无人应答。这种状况也给我们提出了一些值得思考的问题。

学生不回答问题，可能是由于在以往的教学中，教师给与学生自主支配的时间和空间有限，学生习惯于处在静听的状态，习惯于接受既定的答案。这样一来，即使教师给了学生以回答问题的机会，但学生以往的“逆来顺受”，并不能换来此时的“揭竿而起”，他们仍宁愿让自己等待答案的来临。

学生不回答问题，可能是由于碍于面子，担心自己回答不出来引发其他同学嘲笑。一般说来，学生的年龄越大，年级越高，回答问题的积极性也就越低。年龄、年级与回答问题的参与程度大体是呈反比状态的。小学阶段，学生参与课堂的积极性高，回答问题的踊跃程度也高；初中阶段，学生参与课堂的积极性降低，回答问题的踊跃程度也随之降低；高中更甚。当然，这是就一般情况而言的。在那些实施教改的学校，我的确看到即使在高中，学生也积极参与课堂回答问题的现象。

学生不回答问题，可能是由于教师设计的问题难度过大。教师提出的问题，一般是围绕教学中的重点和难点而展开的。这些问题，本身就有着较大的难度，如果教师设计不当，提问不当，激励不当，都有可能使教学在此处搁浅，学生对问题作不出回答。问题需要有一定难度，但如果离开了学生现有的知识水平和心智状态，那么，问题也就失去了引导意义。

课堂短暂的沉默是允许的，有些情况下，教师也不见得要急于打破这种沉默状态，因为沉默可能意味着思考，意味着学生正在寻找合适的字词表情达意，意味着可能产生一些意想不到的答案，对此，教师需要做出甄别。在教学中，教师要加强对学生回答问题的引导，注意通过一些典型的回答分析在解题中应注意的相关事项，举一反三，既从问题答案上给学生以启发，也从问题回答思维过程上给学生以新的启迪。同时，教师也要注意在课堂上营造学生积极回答问题的氛围，促使形成相互支撑的合作学习文化环境，使同学之间不是相互观望，对错误答案持隔岸观火态度。

课堂上的异口同声

课堂上，学生齐答问题、朗诵课文，常常表现为异口同声。朗诵课文的整齐，齐答问题的嘹亮，构成课堂上的一道独特风景。这样的课堂，教师一问，学生齐答；教师一呼，学生齐应，其乐融融。对这种异口同声，可能也要从多个角度来考察。

有些异口同声是必要的。根据教学的特定要求，根据学生的心理特点，根据课堂上的具体情况，教师设计并实施“一呼百应”确实能起到较好的效果。比如，学生可以大声地毫不掩饰地说出自己的答案；学生相互之间既有声音上的共鸣，也有情感上的呼应；可以烘托课堂气氛，使学生精神为之一振；可以体现学生精神状态，调动学生学习积极性；可以培养学生团队精神，增进学生团队意识；作为教师，可以借此检验学生整体对知识的了解和掌握情况，通过来自于学生的反馈调节后续教学行为等等。

而有些异口同声则并不见得必要。声若洪钟的齐答，在课堂上如果出现频率过高的话，可能就会走向事物的反面，无法达到预期的目的，其负功能日益显现。比如，异口同声使用不当，会引发学生对齐答的疲劳，会掩盖学生掌握知识情况的真相，会在集体性的学习中忽视学生之间所存在的个别差异，会使课堂存留在浅表性的“轰动效应”上。作为教师，也有可能满足于学生的齐答齐诵，误以为课堂教学的效果体现出来了，预期的教学目标达成了。

异口同声无疑有其自身的作用，问题在于使用频率不宜过高，使用时要注意特定的场景和要求，要明确使用这种策略要达到的目标。我听课时注意到，很多教师在使用这种策略时基本是“无意识的”，没有明确的目标指向，也没有经过有意识的设计，是“信手拈来”随意而为的。结果是，轰动效应有了，实际效果没了。

异口同声体现着一种和谐，表现出一种整齐，但这样的和谐中存在的不和谐因素，整齐中存在的差异因素，我们需要注意到、捕捉到，并在教学中予以解决。回答问题是整齐划一的，但为什么在实际生活和工作中，学生乃至我们这些成人却缺乏应有的团队合作精神，团队合作迄今仍是我们最大的缺憾之一？看来，形式上的整齐，与团队合作的实质也不见得是对应的！

廉价的掌声

一位同学回答问题较为圆满后，老师面向全班同学问道：“这位同学回答的好不好?”同学们异口同声地回答：“好。”老师接着说：“大家一起表扬他。”全班同学有节奏地鼓掌，以示对这位同学的表扬。鼓掌的节奏，在课堂上有不同，最少的鼓三下，最多的达十三下。一堂课上，这样的掌声有时此起彼伏，不绝于耳。

听到这些掌声，看到这些场景，我常思考这样的问题：学生鼓掌是发自内心的吗？是真诚地向这位同学表示自己的赞赏吗？这样的掌声到底有多少分量?

表扬、激励是课堂上的重要手段。表扬到位，激励得法，能够使得学生进一步调动其学习热情，更进一步参与到学习过程当中。对于学生而言，也需要在自己学习有一定成就时，获得来自于教师或同学的鼓励。心理学家詹姆斯曾说过，一个人在没有激励的情况下学习，只能发挥自身20％～30％的才能，而在有激励的环境下学习，最多可发挥自身70％～80％的才能。表扬或激励既然有着这么大的作用，教师自当在教学过程中将其作为重要手段。问题在于，这样的掌声有多少是发自内心的，学生有用鼓掌表扬同学的内在愿望吗?

我们今天的课堂，总体上来讲，还是竞争占优势的课堂。一个同学在课堂上获得回答问题成功的机会，往往意味着其他同学丧失了同样的机会。在这种情况下，某位同学回答问题正确，对其他同学来讲，有可能恰恰是内心失落的开始，会觉得自己没有能获得回答问题的公平机会，如果有这样的机会的话，很有可能作出同样的回答或者甚至比这位同学更出色的回答。同时，班上也可能有同学在这样思考问题：总是有人爱表现自己，以后让他们表现去嘛，我们尽可能地离课堂参与远一点。无论什么样的内心活动，我们都要求学生向这位同学鼓掌，久而久之，是不是会使学生变得有点“阳奉阴违”“当面一套背后一套”呢?!

类似的表扬手段，还有：所有同学转向刚回答出问题的同学，共同伸出大拇指，说出：“你真棒!”甚而有之，还有老师让同学们转向那位同学，向那位同学一起微笑一下。这样的场景既让人忍俊不禁，也让人思考许多相关的问题。

真诚发出“你真棒”的赞美言论，真心地为同学的回答喝彩，真实地呈现出对同学回答问题的赞赏，我们都由衷地欢迎，学生也会感受到这种表扬所具有的神奇力量。虚假的掌声，廉价的喝彩，令人摸不着头脑的微笑，只能渐渐降低表扬的力量。当赞美没有魅力，表扬没有激励作用的时候，课堂上留下的就是没有内容的掌声，没有意义的欢呼声，没有任何内涵的笑声了!

无精打采的“老师好”

在我们的课堂上，课前礼貌用语几乎是千篇一律的，“同学们好！”“老师好！”“请坐下！”这样的问候我们在课堂上每天都可以听到。我听课时，注意到有些课前的礼貌用语正越来越多地流于形式，尤其是学生回答“老师好”时的漫不经心、无精打采让我印象深刻。由此，也就产生了这样一个问题：课前一定要使用这样的礼貌用语吗？有没有替代的内容和形式？

在与教师的交往中，有的教师向我提供了他们替代现有课前礼貌用语的一些做法：一种是教师走进教室，学生起立，老师请同学们简短地复述昨天学习的公式、定理等内容，学生回答后坐下，开始新的一堂课；一种是教师走进教室，学生起立，齐诵学校的校风或自己班级格言；一种是教师走进教室，学生起立，教师问候学生“同学们好”，学生回答“老师好”，教师回应“为同学服务”。

前两种有一定的可取之处。第一种学生起立表示了对教师的尊敬，同时也意味着新的一堂课开始，对以前所学习内容的复习，更是为导入新课提供了准备；第二种学生共同对校风或班风、班级中找寻的格言进行齐诵，反映了学生的精神风貌，强化了校风等在学生头脑中的印象。第三种颇为不妥，因为教师的“为同学服务”虽然也能反映教师新的教育教学理念，但由于其与部队首长检阅仪仗队时的用语雷同，多了份滑稽，少了份严肃。

课前问候，其实是一种仪式。按人类学的解释，任何仪式都有其存在意义。师生之间的彼此问候，体现了学生对教师的尊重，反映了礼仪之邦师生间的礼仪，一定程度上也凸现了师生间的和谐与融洽。但仪式在举行过程中逐渐成为一种纯粹的形式，承载的意义越来越有限时，可能就需要在一定程度上加以改变。但什么样的变化才是确当的？什么样的变化才不是弄巧成拙的？什么样的变化是为学生所接受的？则需要做较为深入的探索与思考。

可能，在课堂上，这种课前仪式很难找到一种完全可以替代旧有仪式的方法，我们找寻的方法和原有的方法更多呈现的是相互间的补充，是呈一种互补关系存在，而不是替代关系。很多情况下，需要根据具体课堂情景，采纳不同的课前礼貌用语形式，而不是用一种模式化的行为通行于所有课堂。对这种新仪式得当与否的分析，正如同美国文化人类学家大卫·卡纳迪恩所写的《仪式之背景、表演与意义：英国君主制与“传统的发明”，1820～1977年》中所说的，要把仪式放在具体的背景中来衡量，放在该种仪式产生的历史框架下去评判，而不是用非背景化的和相对历史性的观点来分析。

与听课老师“互动”

听课时，我遇到过几次类似的情况，上课老师动员同学们与听课老师“互动”。比如，一次在一所小学听美术课，孩子们画了精美的图画以后，老师让孩子们找一位听课老师来点评；还有一次在一所初中听英语课，学习内容是问候语，学生们初步掌握教学内容后，老师让孩子们找听课的老师，用这样的场景进行会话练习：假如你在校园里遇到这位老师的话，你应该如何用英语问候。在这样的场景中，听课老师的资源都被“挖掘”出来了，成为教学过程中的一个组成部分。

对这种做法，老师们褒贬不一。记得当时在听课结束后，评课老师就有着不同的看法。我总觉得，课堂应尽量保持其常态，听课者不应成为课堂中的“动态生成”要素，要让学生在常态课堂体现常态行为。如果课堂失却了以往的状态，那么，也就意味着无论是教师的行为还是学生的行为，都失却了惯常的表现，这样的课堂行为也就在一定程度上失却了评判的意义。按常态方式，处理常态课堂，对其他老师才具有示范意义。

听课者以一种什么样的姿态出现在课堂，不同听课者表现也不一样。有的乐于介入课堂，在课堂的游走中更仔细地观察每个学生的学习情况，尤其是学生进行自主或合作学习时更是如此。有的乐于刻意保持与课堂的距离，提早几分钟进课堂，然后找一个角落坐下，尽可能不让上课老师和同学注意到他的存在，他是课堂的旁观者而不是“侵入者”。两者没有优劣之分，需要根据不同课堂情景要求以及听课者的目标任务来确定。但从总体上，我倾向于选择后者，我自己听课时也大多是将自己定位在非介入性“观察者”的角色上。不让自己成为学生注意的焦点，不分散教师与学生的注意力，保持课堂的正常运行，这样观察到的课堂行为才具有相对的客观性。

课上教师安排学生与听课老师的“互动”，其用意是好的，一方面改进了课堂教学行为，另一方面可以让听课教师近距离地感受同学们的学习状态和精神风貌，但这种做法毕竟是非常态的，由此学生的表现也就会是非常态的。如果没有听课教师，在课堂上你如何安排这一教学环节；如果没有听课教师的介入，对学生的表现你又作何评价。这样的问题势必出现在听课者脑海中，也势必打破课堂的常规形式，从而也使得本节课的意义大打折扣。

闭不上眼睛的学生

一次听课，看到这样的一个场景：老师说："请同学们闭上眼睛，听老师读一遍课文。"伴随着舒缓的音乐，老师声情并茂地读起了舒婷的《致橡树》。老师读得确实不错，无论是语音、语气、语调，还是对诗文的理解，都体现得淋漓尽致。但此时，学生又是一幅什么样的景象呢？高中一年级的学生，似乎很难在大庭广众之下闭上眼睛。闭不上怎么办？有的眯着眼，有的一会把眼闭上，一会睁开；有的把双手蒙在眼上；有的干脆将书盖在自己脸上。看到这样的场景，你会想到什么呢？

这样的场景至少提示我们以下几点：

一是学生在众目睽睽之下很难闭上眼睛去聆听教师的朗读。一个人在什么情况下，才能让自己进入品味诗文、闭眼聆听的状态？一般说来是在私密的状态下。没有了各种各样的纷扰，没有了外在因素的影响，一个人才有可能让自己的心境放平缓，闭上眼睛静静感受诗文的美妙或音乐的奇美。

二是教师为什么没有让学生去朗读，而是由自己越俎代庖呢？在那堂课上，老师首先让学生听自己朗读《致橡树》，然后又找了台湾诗人席慕容的一首诗，仍然是由自己来朗诵，同样是要求学生闭上眼睛静听。在这样的场景中，教师实际上是用自己的行为替代了学生的行为，用自己对诗文的理解替代了学生对诗文的理解，用自己的感受替代了学生的相关感受。

三是师生在诗文的理解和解读上并没有实现同步共进。在这个场景中，有一个明显的行为落差，即教师行走在前的示范，与学生理解和阅读的滞后，换句话说，教师的阅读并没有引发学生产生同样的共鸣，如此一来，示范的作用也就变得不明显了，要达到相应的教学目的变得较为困难。教学中，教师与学生并不见得时刻都要思维同步、行为同行，但彼此间的思维碰撞、话语交锋，是不可缺少的，否则，课堂也就难以达到发挥学生潜能、激发学生智慧的目的。

这样的场景背后，隐含的是教师对个人行为的高度关注，以及对学生行为关注程度不够。教学中教师仍把自己当作重心和中心，没有真正实现教学重心下移，没有设身处地从学生的角度思考问题，没有将学生的感受、体验当作自己教学设计的支点。

课堂突发事件

飞进教室的蝴蝶

春暖花开的时节，教室的窗户开着，一位小学语文教师正在给四年级的小朋友上课，一只蝴蝶飞了进来。一位同学首先看到了这只美丽的花蝴蝶，在他的小声惊呼下，其余的孩子也将自己的注意力转向了这只蝴蝶。课堂上一阵骚动，几乎没有人还能关注老师的讲课。老师看到这种场景，灵机一动，说道："同学们，大家看，小蝴蝶也来听课了，它是来看看哪些同学在认真听讲，哪些同学没有认真听讲，下课后我们再讲评一下。"话音一落，学生的注意力马上转向了教室前的黑板，几乎没有再被这只蝴蝶吸引。

教师的教学机智体现出来了，借助于这种机智，学生的注意力扭转了，课堂恢复了原有的秩序。课后，不少听课的老师对这位老师课上处理突发事件的能力发表了赞许性的意见，觉得这位老师具有应有的教学技巧和教学智慧。当时，我说了几句不大中听的话：这件事情的处理，反映了教师的机敏与处理突发问题的能力，但这种处理方法并非没有可商榷之处。首先，老师面对的是小学四年级的同学，按照他们的认知水平和思维特征，完全知道小蝴蝶是来干什么的，是来看谁听讲吗？肯定不是。其次，老师承诺课后讲评一次，讲评了没有呢？没有。换句话说，老师的承诺没能兑现。一定程度上，老师是用一种带有欺骗性质的手法转移了学生的注意力，有意无意之间，向学生传递着这样的信息：一个人为达到目的可以不择手段，目的达到了，也就可以了。

我总觉得，课堂上没有哪一个问题的解决是可以一蹴而就的，大量的问题是两难性的，是进也难退也难左右为难的。上述问题也是如此，假如我们认为这样就解决问题了，没有发现隐含着的其他问题的话，那么解决问题的水平也就局限在“不诚实”的水平上了。课上大量问题是“按下葫芦起来瓢的”，老师既要看到“葫芦”，也要看到“瓢”，尤其是要看到正在浮上来的“瓢”。认识到“瓢”的存在，才有可能认识到要进一步解决“瓢”的问题；如果认识不到它的存在，也就谈不上问题的解决了，教师解决问题的水平就有可能永远局限在“葫芦”的水平上。

课堂对教学智慧的挑战是巨大的，一个教师穷其智慧有时也难以应对来自于课堂上的压力与挑战。教师在解决一个问题时，要敏锐地察觉到还存在的其他问题，并且着力对后者进行思考与探索，在问题的深入探究中，形成自己的智慧和独到的教学本领。不浅尝辄止，不将问题的解决限定在表面水平，才能引向问题的深层研究，才能形成自身的教育教学智慧。

电源插头掉了

一次听课，上课教师运用了多媒体手段，也设计了多媒体课件，这节课刚开始五分钟，突然电脑屏幕一片漆黑，课堂上一阵骚动。老师不清楚是怎么回事，也很着急，重新启动电脑，没有任何反应。无奈之下，她让听课的一位老师找来学校信息技术课的老师维修，那位老师来后，马上让多媒体的演示回归正常。原因很简单，电源插头掉了。这节课重新开始，中间“休整”了长达 7 分钟。

这件事情在我头脑中存留了很久。遇到这样的事情，老师到底怎样处理才算合适？是不是需要打破课堂常态，将进行中的教学强制性地停留下来，待维修完成后重新进行教学？

这样的做法似乎欠妥。一节课 45 分钟，这是任何课堂都有的时间规定，不会因为是公开课就可以延长，也不会因为其他原因就可以调整。在这节课上，用于寻找多媒体不能正常运作的原因以及请其他教师帮助解决问题，就用了 7 分钟，使课堂教学时间也相应延长，不再是常规性课堂。

这个事例，也从一个侧面反映出教师对多媒体的高度依赖。使用多媒体，本是促进学生学习的重要手段，但当今，有的教师离开了多媒体，就不会教学了。没有多媒体，好像自己如何组织教学、如何组织语言等都无从着手了。多媒体的作用是辅助教学，不是替代原有教师的教学语言、教学组织，教师为多媒体所控制的时候，也就是在一定程度上失去自我的时候。

这个事例，同时也提醒教师在遇到类似情况时，需要多一些机智和智慧。停止教学，让教学戛然而止，显然不是处理问题的最佳方案。教学节奏被完全打破，学生注意力被彻底转移，整个教学处在“真空状态”，即使恢复使用多媒体，学生也久久难以将自己的学习热情转到学习的内容上来。较为理想的做法，就是教师用智慧性的语言描述多媒体失效的现象，仍将自己关注的焦点集中在教学内容上，适应这种变化，使后续教学产生新的状态。待教学到一定环节，学生自学或讨论时，再来查找多媒体问题原因并进而解决问题。处变不惊、随机应变、应时而动，才是解决类似问题的关键。

坐在地上的女孩子

小学二年级的语文课上，老师正在投入地讲课，班级里的不少同学也听得津津有味，突然，坐在第一排的一个女孩子从座位上下来，坐在了地上。教室里一片哗然。同学们纷纷将目光投向这个女生。没有想到的是，这个女生一看其他同学都看她，反而变本加厉，躺在了地上。老师让这位女生起来，这位女生没什么反应。无奈之下，老师将这位女生拉了起来，并且将她按在了座位上。后半节课，为了防止这位女生再搅乱课堂秩序，老师一直用左手按在这个女生的肩膀上，右手则拿着数学课本。

我看到女孩由坐到躺的一幕，也很惊诧。课后与老师座谈，她向我讲了事情的原委。这个女生由于生活在农村，家长重男轻女，以前没有弟弟的时候，还能得到父母的一些关爱；但自从有了弟弟以后，女孩在家里不受关注，家长时常不给她带饭，孩子经常要饿肚子，饿得没办法的时候，甚至争抢别的同学的干粮。老师也作了些家访，与其父母进行了一些沟通，但收效甚微。

这件事情，至少给我这样几点启示：

第一，我们常说课堂是动态生成的，动态生成的因素是多种多样的，表现形态也是各不相同的。有的动态生成，是由于某个知识点的多元理解与阐释；有的动态生成，是由于课堂上学生偶尔出现的错误答案；有的动态生成，是由于某一个偶发事件。对于动态生成的背后原因以及表现形式，我们还需要做进一步分析。

第二，正如同“功夫在戏外”一样，课堂教学中教师的教学机智很多需要在课外反思中形成。面对这样的突发事件，单凭老师即时的反应，很难有一个较为圆满的解决问题的方法。平时多与学生交流，了解学生的家庭背景、个性特点、成长经历、学业成绩等，对于解决课堂上出现的问题，会有较大帮助。“台上五分钟，台下十年功”，这一说法对教师来说一定程度上是适用的。

第三，课堂的突发事件林林总总，作为一个有经验的教师，在日常教学反思与积累中对突发事件的应对有了各种方法，而这些方法完全可以显性化，转变为课堂突发事件的预案。回忆自身的教育教学经历，都会有一些匪夷所思的事件发生，教师自身也有着一些处理这些事件的经验，将这些经验加以提炼，将课堂教学突发事件加以分类，将常见事件以及处理方法加以提示，会形成很好的课堂突发事件应对预案。这样的预案，增强了课堂教学突发事件处理的针对性和实效性，同时，对刚入行的青年教师也是一个很好的引领手段。

课堂教学环境

“靠边站”的讲桌

在一所学校听课时，我注意到该校教室里的讲桌都没有像其他学校一样摆在正前方，而是都放在前排的一个角落里。我觉得有些奇怪，就请研究生对这一现象作了较为深入的了解。几位研究生经过调研之后，对这一现象作了如下的描述：

这是上海近郊的一所小学，校长在一个春季学期像以往学期开学初一样，走进了课堂，了解教师的教学情况。连续听了几位教师的授课，发现授课的教师都有一个共同的特点，那就是在一节课内几乎不离开讲台一步，靠在讲桌上只顾自己滔滔不绝地讲，而丝毫不顾及学生的接受程度和反应。而学生也是端端正正地坐在座位上，只等着教师的提问。他在关注这种场景时，突然感觉到讲桌就像一条人为的鸿沟，隔断了师生之间的互动，使得课堂气氛显得死板僵硬。教师像权威似的随意支配学生，学生在课堂上完全没有了自主权。

起初，对于如何改善课堂教学的气氛，这位校长在头脑中并没有一个明确的策略，但在听课中，注意到教师和学生这样的行为表现的时候，校长的想法越来越明确了。在校行政会议上，校长做出了“讲桌靠边移”的决定，即把放在黑板前正中的讲桌移到墙边，借此来调整课堂上教师与学生的关系，改变课堂教学的氛围。

刚开始实施时，大约只有10％的教师基本上没有受到“讲桌靠边移”

的影响。这些教师平时在课堂上就比较注意与学生沟通。讲桌靠边移以后，他们就更从容自在地与学生一起讨论学习。而大多数教师在没有讲桌的黑板前讲课显得很不自在，约有70%的教师仍自觉不自觉地将自己的位置往靠了边的讲桌移，但又发现自己太偏离学生，只好离开讲台走向学生。还有一些教师干脆站在原来放讲桌的位置，仍然自行其是地讲课。但由于没有了讲桌，他感到很不自在，无意识地缩短自己讲课的时间，逐渐意识到只有让学生说话或活动或自己走到学生中间，才能改变窘境。

移动讲桌这个小小的举动，使教师的教学心态及教学行为有如此复杂的反应，是这位校长事先没有完全估计到的。这种现象同时也引发了他更深层次的思考：这小小的三尺讲台果真在课堂教学中如此重要吗？为了了解教师和学生对这个问题的真实想法，王校长召开了关于“讲桌靠边移”的教师和学生恳谈会。在恳谈会上，教师和学生都谈了自己的想法。

教师的想法主要有以下几方面：

第一，教师把讲桌作为身体的支架，传播知识的喇叭，讲桌靠边移后，上课很不自在，好像没有了教师的尊严。

第二，讲桌靠边移后，站在学生面前似乎很尴尬，自己一个人讲的时间少了很多，总是无意识地走到学生中间去。

第三，讲桌移了以后，好像填补了师生之间原有的鸿沟，教师出入学生座位之间更方便自如了，师生共同参与的教学活动也多了起来。

第四，现在上课，课堂气氛活跃多了，学生不像以前那样见到教师就拘束，而是不停地发言、质疑和提问，有时难住教师的问题还真不少。

学生的想法主要有以下几方面：

第一，讲桌靠边移后，不仅使教室的空间增加了，而且学生上下黑板、出入教室也方便了许多。

第二，讲桌靠边移后，教师讲的时间比以前少了许多，与同学一起讨论、个别辅导的时间多了起来，我们更喜欢老师了。

第三，讲桌靠边移后，教师常在学生身边批改作业，所以上课时学生尤其是成绩差一些的学生，胆子大了许多，举手发言更积极了。

这位校长在归纳教师与学生提出的不同想法的基础上，进行了分析，觉得讲桌靠边移还是利大于弊的，不失为课堂改革的好举措。因为，从课堂教学事实以及教师与学生的反映来看，讲桌靠边移以后，至少产生了几方面的变化。比如：讲桌靠边移，在课堂上有助于师生互动，使师生关系更为融洽；迫使教师在课堂上少讲一些，把更多的时间和学习主动权交给学生，学生主动参与课堂的机会增多了，学习的积极性提高了；教师的角色也在逐渐进行调整，越来越成为学生学习上的帮助者和指导者。

这次恳谈会反映的情况，坚定了这位校长继续做好这件事的信心和决心，与此同时，他也冷静分析了产生这些良好倾向的主客观原因：

原因之一：讲桌靠边移后，教师站在学生面前少了一种依靠，大多数教师会感到不自在，要改变这种不习惯的状况，势必导致教师尽量缩短站在学生面前滔滔不绝地讲授的时间，并且在学生中间寻找较为缓和、能平衡心态的位置。这样一来，教师就会无意识地走到学生中间去了。

原因之二：讲桌靠边移后，教师没有了高高在上的心理，在课堂上没有了批改作业的位置，不得不走到学生旁边批改作业，无意之中增加了个别辅导学生的时间。这样，就为增进师生情感创造了良好的条件。

原因之三：讲桌靠边移后，似乎拆除了师生间交流的障碍物，师生间双边互动随意了许多，教师和学生都减轻了心理压力，有利于师生间的充分交流和合作，使课堂效益得到了提高。

这位校长感到，移动讲桌完全可以成为改变课堂教学气氛的切入口，成为融合师生感情的结合点。

经过一个学期的观察、探索，讲桌在课堂教学中的作用越来越小，于是就在全校统一实施了讲桌"靠边站"的措施。

该校讲桌靠边移已经有三年多的时间了。在这段时间里，他们感受到移动讲桌给调节师生关系带来的可喜变化，同时也发现了一些后续需要探讨和思考的问题。这些问题或困惑集中反映在这样一些方面：

少数教师尤其是中老年教师至今仍感到不适应，有个别教师又恢复到原来的教学状态；还有的教师认为学校领导移动讲桌是赶时髦，觉得讲桌是教学用具，一直都存在，移动讲桌，并不能推动课堂教学改革。

讲桌靠边移后，教师遇到的最大挑战是对每堂课教学内容的把握。有讲桌时，写好的教案放在讲桌上，课堂的教学随教案走，虽然死板一些，但万无一失，忘了就可以看；移走讲桌，教师就要将教学内容熟记于心，脱稿讲课，随时准备应答来自于学生的问题，同时还得保证教学主题不变。这对于很多教师来说，不是一件容易的事情。

现在不少教师还面临着另外一个问题，就是由于师生关系的融洽，学生课上发言的机会多了，发言的人次多了，但发言涉及的内容常常是多方面的，有时难免偏离教学大纲。如果教师生硬地打断学生的话，又会限制学生的自主发言，甚至影响已经重建了的师生关系。如何处理好学生自主发言和教学任务完成之间的关系，一直是困扰某些教师的问题。

校长也注意到了这些问题，并采取了一些措施：一是重新制定了符合素质教育要求的课堂教学目标，由主要评价教师讲得如何好、课堂组织得如何井井有条，转为主要评价教师与学生的互动状况和学生课堂参与的程度及教师的应变能力；二是改变了教案检查的标准，由原来的检查详细教案，转变为只检查每堂课的教学设计纲目，并加强了听课工作；三是构建新的课堂教学模式，为了使教师少讲，提出了课堂教学结构三个三分之一的总原则，即教师在一节课中讲授时间不得超过三分之一，课堂上留给学生作业、学生作业评价和教师个别教育的时间控制在整个课堂教学时间的三分之一。

这些措施虽然对上述问题的解决有所助益，但仍有一些问题不同程度地存在着。

“留白”的板书

板书设计是教学设计的重要一环，老师在备课时，也多对自己板书的呈现方式做一番精心考虑。大概也正因如此，在课上，我有时会注意到这样的场景：老师在黑板上列出主题了，然后就静等学生回答，学生的回答如果与板书设计不符，答案就不会出现在黑板上，直到有学生说出正确的答案或解释时，教师这才落笔，将这一与自己事先预设的答案或解释写在黑板上。这种“留白”的板书，在语文课上多有出现，在其他学科中也不同程度存在着。

板书设计是需要的，在多媒体信息技术普遍应用的今天，我们不应该忽视了板书，同样需要在课前对板书的内容、形式等作出筹划。但问题是，是不是我们只能在黑板上书写事先想好的答案或解释，学生随机出现的答案、解释乃至学生作出的错误回答，是不是就不应该在板书上出现呢？在我看来，有些情况下应该出现。让孩子们注意到答案与答案的不同、解释与解释的差异、观点与观点的区别，一定程度上会使学生对这些答案、解释、观点等的认识更为深刻，也可借此增进自身的鉴别力和分析力。况且，有的情况下，答案或解释不是唯一的，并不是教师事先设想的才是最佳的，有些完全可以用学生想出的答案替代。

国外的课堂我看的不多，但英国的中小学课堂包括大学课堂，我都亲身感受过。他们的课堂在我们看来有很多瑕疵，但他们的“板书”给我留下了深刻印象。几乎所有学生的答案或解释，都出现在一张又一张白纸上，老师围绕学生的这些答案或解释进行讲解，其他同学也针对这些答案或解释中存在的问题提出自己的看法。教师常常就是从这些不同答案或解释入手进行自己的教学的。国情不同，文化不同，英国的办法未必适合中国的中小学课堂，但这种方式对激发学生思维、调动学生参与学习积极性、培养学生判断能力的确有一定益处。

有的老师之所以在板书上“留白”，可能是出于板书工整、美观的考虑。因为学生各种各样的答案都呈现的话，也就意味着板书有些“杂乱无章”了，美学效果就无法体现了。这里，需要强调的是，板书是学习的工具，教学的手段，而不只是展示的平台，它要为教学服务，为学生学习服务。如果“杂乱”有助于学生学习活动的深入，就应该将“杂乱”进行到底；如果“工整”限制了学生的学习和教学目标的达成，就应该将“工整”降于次要的位置。

教室里丁当作响的椅子

教师组织学生以小组为单位进行讨论，学生需要重新调整自己的座位，以便能组成一个相对而坐的小组。教师布置完小组讨论的任务后，只听到教室里椅子一阵丁当作响，椅子腿摩擦地面，椅子之间相碰，都使得这种声音声声刺耳。椅子声响过后，才是学生相互讨论发出的声音。前后两种不和谐声音的出现，给我们提出了值得思考的问题。

调整椅子的位置，是为了更好地进行讨论，也可以说是讨论的一个前提条件，但在这个过程中所发出的噪声却显然打破了课堂的常态，破坏了课堂应有的生态环境，也给后面的讨论带来一些负面的影响。教师提出了待讨论的问题，学生将自己的注意力转向了这个问题，而且也开始进行思索和探究，椅子的声响，势必一定程度上分散学生的注意力，使学生的思维处于短暂的停顿或离散状态，后续的讨论需要重拾先前的思绪，然后才能进入到讨论进程之中。

无论是组织讨论，还是开展课堂其他非讲授活动，都需要学生离开自己固定的座位，都有可能产生这种噪声。对于教师来说，在进行教学设计时，类似椅子产生的噪声之类，也应该进入到自身的视野当中来，要把如何避免噪声等作为教学活动中的一个组成部分。课堂的讨论等活动，并不只是局限于教师提出问题，学生自主解决问题这样简单。与讨论等相关联的一切环境因素、生态条件，都应该是教学组织与设计中的有机组成部分。忽略了这些貌似不值一提的细节问题，教学活动的效果就有可能打折扣。

有这样一个笑谈，也颇值得我们关注。西方人只从相貌上很难区分中国人和日本人，但借助于下述三个标准常常屡试不爽，一是窃窃私语、不出声的是日本人，粗声大嗓说话的是中国人；二是依序排队的是日本人，插队、不遵守排队规则的是中国人；三是吃饭后各自付账的是日本人，争着买单的是中国人。笑谈并不见得完全是玩笑，其中合理性的成分不少。改变不良习惯需要从娃娃抓起，形成良好素养需要从孩童时期着手。教室里椅子丁当作响，事情虽小，但对学生的影响却不小。

附录： 我对课堂教学变革的总体认识

课堂教学生活化

课堂教学改革的要点之一是课堂教学的生活化，表现为教师在课堂教学设计、实施、反思等活动中，高度关注学生生活世界与书本世界的联系，努力打通两个世界，在两个世界间搭建起桥梁。

“回归生活世界”是新课程改革的基本主张，这一主张转化为课堂教学实际行为，就是要求教师树立生活中有数学、生活中有语文、生活中蕴含着各种教学资源的观念，有意识地将生活世界相关资源引入实际教学中，将生活资源转化为教学资源。事实证明，一旦生活世界的相关信息纳入课堂教学的时候，学生参与课堂教学的热情会提高，互动水平会提升，对知识的掌握程度会增强。

联系生活世界可以贯穿课堂教学的各环节，可以在导入阶段联系生活，把生活世界的资源作为激发学生学习兴趣、引导学生进入新的学习状态的工具；可以在课堂临近结束时联系，把生活世界中的某些问题呈现出来，作为本节课汇总新旧知识解决实际问题的抓手，从而进一步提升学生运用知识的能力与水平；可以在传授新知识时联系，把生活世界的某些相关经验或疑难作为了解与掌握新知识的“敲门砖”；也可以贯穿于课堂教学全过程，自始至终用生活世界的资源作为学习的重要工具。

要做到联系学生的生活世界，教师首先要树立生活化教学的观念，要认识到课堂是学生的一种生活，与学生的课堂交往是自己的一种生活状态和生命价值的体现，更要认识到所有知识都有其生活基础与来源，生活中蕴含着大量的可以转化为教学资源的资源，将以语言符号为载体的书本知识与以真实存在为特征的生活世界两相融通，是现代教学的基本特征。无论是教学内容的选取还是教学方法的采用，无论是教学过程的实施还是教学结果的反思，都要注意分析学生已有的生活经验，经济社会现有发展状态，未来社会的变化趋势等，探讨自己可以在哪些方面联系学生的哪些生活世界的经验，联系采用什么样的方式进行，联系的效果如何检验，联系中可能出现的疑难问题以及解决方法，联系过程中自己的角色定位等等。

在教学过程中，既要防止无视学生生活世界重要教学资源，一味要求学生复制书本知识的情况，又要杜绝生拉硬扯、牵强附会地联系社会实际或学生经验感受，生硬地将书本知识与生活世界联系起来的现象，同时要注意不能将联系生活经验当作教学的点缀。换句话说，用在当用时，行在当行处，这本身就是一种艺术。

学生学习主动化

课堂教学改革的要点之二是学生学习的主动化，表现为课堂教学上，改变原有的学生静听的状态与面貌，学生作为学习主体的地位逐步得到确立，学生的学习潜能在课堂上能逐步得到发掘与体现，学生能够在教师指导下，发挥自身主观能动性，积极参与到教学过程中，通过互动、对话、交往获取知识，提升能力，改变态度。

无论是素质教育提倡的学生主动发展，还是新课程强调的重过程、重体验、重探究，都需要将课堂教学的重心真正实现下移，让学生在课堂上活起来、动起来，在学生的主动参与中实现教学目标的达成与学生自身的成长发展。

以学生主动发展为着眼点，教师在课堂教学中，就需要在教学设计等环节中，创设学生自主支配的时间与空间。从学生的角度和眼光思考教学内容的选择与方法的确定，而不是用教师自己的思维替代学生的思维，用教师自己的行为替代学生的行为，用教师自己的文化替代学生的文化。真正从学生的立场去观察与思考课堂，教师就会认识到，学生既有的经验有哪些，教学的内容与他们已有的认知水平有无差距，差距多大，如果将某些知识点让渡给学生自行去探讨，会遇到哪些障碍，产生怎样的问题，教师自己如何帮助学生破解障碍与问题，现有课时与学生主动学习有无矛盾，这些矛盾如何克服，等等。

从今天来看，教师不常放手让学生主动学习，原因至少有这样几个方面：一是教师在观念上未能充分认识到教学应产生的变化，没有认真分析学生身心发展产生的新情况、新问题、新矛盾，没有从思想观念上扭转原有的教师单一的知识传授的角色定位；二是现有教学时间安排与学生主动学习有一定矛盾，两者难以兼顾，一旦给学生主动学习的机会与权利，教学时间常会难以调控；三是教师并没掌握学生主动学习的指导策略，课堂上学生动起来活起来的同时，恰恰是凸现自己教学无能无助的时候，换句话说，学生活了，教师自己就“死”了。

对于上述问题，要区分不同情况，采用不同的处理方法。观念未转变，主要解决观念问题，要通过培训、专家引领、教师现身说法等途径促使教师的观念产生应有的变化。时间不充分，要从制度上进行设计与安排，用制度去规范相关的行为，同时要积极探究在既定时间内促使学生主动学习的方法，正如同美国教育学家布卢姆指出的，任何一种新的教学行为，初始阶段常是损耗较长时间的，而这种行为运用一段时间后，就会缩短时间甚至比原有的时间还短。指导策略不当，要通过研究、集体备课等各种方式，不断探寻在新的学习情景下教师指导学生的新方法，要注重通过日常实践积累相关智慧，使教学逐步达到一种新的境界与水平。

师生互动有效化

课堂教学改革的要点之三是师生互动有效化，表现为师生互动越来越注重凸现教学效率，达到预期的教学目标，越来越呈现出多维、积极等一系列特点，那种为互动而互动，或者仅仅注重形式上的互动而忽略互动效果的现象日益得到消除。

新课程将课堂教学看作是师生互动的过程。随着新课程改革的不断推进，互动、对话、沟通、交往这些描述新课堂教学基本形态的语词逐渐为教师所接受，教师已不再排斥互动，而是主动地将互动纳入自己的教学设计，体现为教学的主要状态。但在课堂上，我们也不难发现有不少互动是缺乏实效性的，如形式的互动，仅有互动的形式，互动承载的内容很少或者没有，课堂上我们常见到的教师询问学生“对不对”、“好不好”，学生齐声回答“对”、“好”之类，似乎就没有承载多少实质性的内容；如专制的互动，互动的主体是教师，互动的主动权在教师，互动的所有过程及结果都是教师调控的，这样的互动的效果可想而知；如垄断的互动，互动只是由少数学生掌握，教师与学生的互动仅限于教师与少数的尖子学生或其他特征的学生，问题针对这些学生提出，回答由这些学生完成，活动由这些学生控制，这样的互动成效也更主要的是限于这些学生，对其他学生来说效果低下。诸如此类的互动，从效果上来看，大多属于低效、无效乃至负效之列。

教学总是围绕一定的教学目标进行，总是要追求一定教学效率的，即使再强调人本，再注重人文，再反对工具理性，也不能完全改变教学与特定目标相联这样的基本事实与道理。就此而言，师生的互动也应该高度关注效用，教师在设计互动时，要思考这样的互动有没有安排的必要，是不是不可替代的，它要达到什么样的目标，其效用应该如何评估或检测，互动中有可能出现哪些非预期的事件，遇到这些问题该如何处理，等等。要从效率、效果、效益的角度来设计与实施互动。

一般来说，有效互动常具有这样一些基本特征：一是互动是在学生积极参与的状态下进行的，学生有互动的愿望，有参与互动的兴趣，并且掌握了互动所需要的相关方式方法；二是互动是从多个不同的维度展开的，在互动中，既有个人与个人的互动，也有个人与小组的互动，同时也可能有小组与小组、个人与小组等多种形式的互动；三是互动紧紧围绕教学目标与教学内容加以设计与安排，互动形式的选择，过程的掌控等都从教学的既定要求出发；四是互动与其他相关教学方式相配合，既有学生的互动，也有教师的引导和讲解，既有互动得到的智慧与经验的分享，也有理性的提炼与升华。

课堂上的频繁互动，对教师的教学策略与教学技能的挑战是巨大的，很多老师习惯了无互动状态下的教学，掌握了单位时间内传授知识的“诀窍”，熟悉了自己在课堂上“一言堂”的角色，而互动对教师提出的是新的要求，需要教师形成新的教学智慧。这些智慧的形成，需要教师直面自己的“本领恐慌”，通过研究与培训等一系列方式，反思自己的教育教学实践，不断积累自己的教育教学经验；需要教师勇于超越自我，在放手给学生互动机会的同时，洞察各种各样的问题与不同形式呈现出的“闪光点”，逐渐形成新的教学本领。

学科教学整合化

课堂教学改革的要点之四是学科教学整合化，表现为在课堂教学中牢牢树立整合的观念，用系统、整合、复杂的眼光考察与分析课堂教学的行为以及行为中的诸要素，使教学的各环节与各方面形成一个有机联系的整体。

以新课程为指向，当今的学科教学的整合，至少涉及以下几个方面：

第一，重视综合实践活动课的实施。综合实践活动是基于学生的直接经验、密切联系学生自身生活和社会生活，体现对知识的综合运用的实践性课程，它作为打破学科知识疆界、连通正规教育与非正规教育的课程形态，在新课程改革中占据着重要地位。学科教学整合化中一个重要的表现形式，就是在教学中高度关注综合实践活动课的实施，着力探索综合实践活动课在现有学校教育框架内的实现途径等。

第二，关注学科与学科之间的联系。教学的整合还表现在教师在教学中一方面关注本学科教学的目标与要求，另一方面关注其他相关学科的教学进度，分析其他学科与自己所任教学科内容间的联系，并有意识地借助其他学科的知识资源等学习本学科知识。历史知识与语文知识、语文知识与数学知识、语文知识与英语知识，各学科之间的知识联系，不仅有助于学生掌握本学科知识，而且有助于学生将各种知识融会贯通，形成对知识的整体掌握与灵活运用。

第三，知识与态度、过程与方法的整合。知识与态度相统一，过程与方法相统一，是新课程改革的基本主张，这一主张反映在课堂教学上，就是要求教师在教学目标的设定，教学过程的组织等环节，注意将知识中蕴含的态度、意识、价值观挖掘出来，而且巧妙地采用“随风潜入夜，润物细无声”的方式渗透进知识的掌握中；就是要求教师在教学过程中，既要关注学生的知识习得情况，也要注意将获取知识的方法、学会学习能力的培养等有机地渗透进教学过程的始终。

第四，探究式学习、研究性学习与学科教学的整合。小学、初中阶段的探究式学习，高中阶段的研究性学习，不应该孤立地存在于特定的学科形态，或只是单独将其作为课程形态来看待，它们只有与学科教学整合起来才具有真正的生命力。如何将探究式学习与小学、初中阶段的各学科教学整合起来，将研究性学习与高中阶段的各学科教学汇总为一个统一的整体，是当今课堂教学改革中需要关注的重要问题。

第五，信息技术与学科教学整合。信息技术是实施教学的重要手段，它与学科教学应该构成一种相辅相成的关系，中小学课堂教学应致力于改变以往的“平时教学信息技术不用”、“公开教学信息技术滥用”的现象，使信息技术手段与学科教学内容结成一个整体，学生在课堂教学中，既能借助信息技术手段更牢固地掌握学科知识，同时也能获得信息技术所蕴含的科学素养、科学精神、科学方法等。

整合本身就是一种教学艺术，它摒弃割裂，拒绝分立，注重一体，突出融合。教师在教学中需要有意识地进行各层面、各环节的整合，并在整合的实践中不断积累经验，形成独具特色的整合教学的新智慧与新艺术。

教学过程动态化

课堂教学改革的要点之五是教学过程动态化，表现为课堂教学越来越处在变动不居的状态，需要教师根据课堂教学即时生成的资源以及产生的一系列非预期变化，调整后续教学设计，形成新的教学进程，以便更优地达到教学目标，促进学生的身心发展。

新课程对互动的关注，对过程的强调，对探究的重视，都使得课堂教学越来越处在一种变化、动态的场景中。的确，教学重心下移了，学生参与的积极性提高了，互动的范围与深度大了，课堂也就变得鲜活了，变化也就成了正常的事情。在这种情况下，如果教师还是按兵不动，仍然是用备课时的教案设计来框定课堂上的行为的话，那么，即使在单位时间内完成了学科知识的传递，也难以达到预期的教学效果，更不要说在这个过程中能够真正实现过程与方法、知识与态度的统一了。

教学需要有预设，这是毋庸置疑的。当下有专家谈到，教师可以不写教案，不用精心设计自己的教学，对此，我不敢苟同。今天中小学教学承载的使命，学生学习的目标指向，教师评价考核的运行机制，家长对教学的关注与期望等诸方面的因素，都要求我们的教学要指向一定目标的达成。而要达成这样的目标，就需要合理选择教学内容，准确把握教学重点，正确分析学情教情，进行教学设计也就在情理之中了。问题是，有了预设，有了设计，课堂教学的实际过程是不是就需要照此办理，不再调整了？既然我们已经充分认识到师生互动的重要与必要，已经充分认识过程自身的重要价值，那么，也就相应地需要在预设与生成、设计与实施之间铺设起桥梁，不惟预设“马首是瞻”，不依设计定教学进程。

动态是常态，生成是关键。教师在课堂教学改革中，树立这样的观念是重要的。同时，还需要在实际的教学进程中，进一步探讨分析相关问题，如课堂教学中常规的生成性因素有哪些，非常规的有哪些；哪些条件或环境因素影响着课堂教学的生成；是不是所有课堂教学生成的因素都需要在后续教学中被利用，如果不是的话，选择的标准是什么；在动态生成情景下，教师需要掌握哪些教学策略，学生需要提升哪些学习本领；生成是否都是非预设的，预设的生成是否存在，两者关联程度多大，等等。这些问题都值得教师在实际教学中思考、斟酌。

以前，有的教师习惯于将自己的教案写得非常详尽、具体，甚至连课堂上的每一句对白都体现在教案上，认为课堂教学就是淋漓尽致地展现教案的过程，课堂上一切新生成的因素都不是自己关注的重点。这样的教学虽然也完成了预期的知识传递的任务，但离学生内在建构知识的需求、主观能动性的发挥等相去甚远。动态生成，对教师的素质与技能提出了新的要求，一定程度上也是最能考验教师教学智慧的方面之一，要形成这种新的教学智慧，还需要做深入细致的研究与分析。

教学内容结构化

课堂教学改革的要点之六是教学内容结构化，表现为教学内容建立起结构性的联系，在新旧知识之间、新知识各构成部分之间、新知识与学生生活世界之间等相互关联，形成对知识的整体性认识。

教学内容在教学中占据着重要地位，教学目标的确定离不开内容，教学方法的选择更是依托内容。虽然课程改革大大拓展了原有课程的含义，但课程的核心仍然是内容，关注的主要问题仍然是教育教学活动中的内容方面，在很大程度上是以内容为中心，辐射教学活动乃至学校改革的其他方面。近几年，教育学界对新课程是否削弱了“双基”，影响了学生基础知识的掌握等展开争论，撇开这种争论的是非不论，从一个侧面反映了课程关注的主要对象应该是什么这一基本问题。

内容为什么要结构化？可以从三个方面回答这个问题。一是结构化的知识是能力形成的基础。心理学的研究告诉我们，知识与能力的关系大体上呈内容与形式的关系，也就是说，知识是能力的基础，能力是知识的表现形态，如果没有知识做后盾的话，形式的表现也就受到了许多限制。但并不是所有知识都有助于能力的提升，不是知识越丰富，能力就越强，而恰恰是结构化的知识对能力的形成是起促进作用的，因为这样的知识具有较强的粘合力，较严密的逻辑性，较丰富的关联度，可以较好地为知识的灵活运用服务。二是结构化的知识强化了知识的整体性。任何知识都不是片断、孤立存在着的，它既有生活实践为基础，同时也与其他知识相关联。对学生来说，认识到知识与知识之间的联系，注意到各知识点之间的共通性或互补性，既可以使学生更好地掌握知识，形成整体性、系统性的知识观，同时也可以使学生将知识融会贯通，真正纳入自己的认识框架，与原有的知识经验结成一个整体。三是结构化的知识是基础知识存在的主要形态。以往我们常常听到这样的说法，那就是中国的基础教育在世界范围内都是领先的，因为它能够使学生较为扎实地掌握基础知识。这种说法其实是无法验证的。正如同华裔数学家丘成桐所说的，他所接触的大陆的留学生并不见得比其他国家或地区的学生在基础知识上有过人之处。但基础知识确实是存在于概念与概念、范畴与范畴、命题与命题、原理与原理之间的联结中的，掌握基础知识主要是掌握知识的结构形态和内在要素的关联。

新课程倡导自主、合作、探究的学习方式，当下不少教师或学校也在积极探索这些学习方式在实际教学中的应用方式与途径。在运用这些以学生学习为主要形式的方法时，教师不应也不能忘记引领学生注意到知识之间的联系，要在自主学习的基础上进行提炼和升华，在合作学习的基础上进行分享与研讨，在探究学习的基础上进行概括与总结，也就是借助于种种不同的引导方式，促使学生对知识有总体把握、整体认识。

教学策略综合化

课堂教学改革要点之七是教学策略综合化，表现为教学中从教学目标和教学内容的要求出发，从学生身心发展的实际出发，选择多种不同的教学策略，并且将这些策略灵活运用于课堂教学，使课堂教学达到知识与态度、过程与方法等方面的目标要求，呈现出符合学生学习特点的教学形态。

课堂教学可供选择的策略很多，提问、讨论、讲述、角色扮演等都属此列。每种教学策略都有其适用的特定要求，有其自身的优势，也有其自身的缺陷。可以说，没有哪种教学策略是可以通用于所有课堂，应用于所有班级，适用于所有教师的。教学目标调整了，教学内容变化了，师生关系的状态改变了，就需要选择不同的教学策略。策略是为目标、内容服务的，一味地追求策略的“花哨”，一味地追求策略的样式，其实是一种舍本逐末的行为。这个道理本来是极为普通的，但在今天的课堂教学改革中却确实存在着类似的问题。

我曾经听过一堂课，内容是初中语文《鲁提辖拳打镇关西》。一开始，教师就是让学生观看电视连续剧《水浒传》的片头曲，伴随着刘欢高亢嘹亮的“大河向东流……”，一百零八将的形象在屏幕上粉墨登场。看毕，教师提问：“咱们班上哪些同学最具有表演才能？”同学们共举荐了六位同学。这六位同学分别被分成了三个小组，每个小组由两位同学组成，分别扮演鲁提辖和镇关西。在进行初步排练后，三个小组分别亮相，分别进行课本剧表演。观看的同学兴趣盎然，笑得前仰后合，课堂气氛异常火爆。25分钟过后，表演完毕。这样的课，我们看到了教师在教学策略上的设计与运用，但问题是这样的策略到底要解决什么样的问题，完成怎样的教学任务，达到什么样的教学目标。诸如此类的问题，使得我们在评价这堂课时，都会对策略的运用提出批评性分析。

新课程立足改变原有的课堂教学知识传授状态，要变知识灌输为自主、合作、探究学习。但对此问题的认识，不能离开课程结构、内容的调整，不能孤立地就策略谈策略、就方法谈方法。策略只有和内容结合才有意义，方法只有和目标相联才有价值。在理解和认识新课程所讲的各种策略与方法时，也要把其他相关的要求整合起来进行分析和判断，否则就会在认识和行为上出现一系列偏差。

教学论著作林林总总，谈到课堂教学评价标准也是公婆各说，但其中总能发展这样一个共同点，那就是强调一堂课需要综合运用多种教学策略。大概没有哪一堂课是可以完全运用一种教学策略的。当今的课堂还存在一种倾向，那就是教师过多倚重于某种教学策略，因为他对这种策略的运用已相当娴熟，明了这种策略运用规范可能达到的目标以及可能出现的问题等，比如，有的老师总是从头讲到尾，觉得讲述这种策略最得心应手；有的老师总愿意组织课堂讨论，觉得这才是调动学生积极性的手段。凡此种种，都需要在一定程度上加以转变，要善于从多种策略入手组织课堂，从策略综合运用的角度调控课堂。

教学资源优化

课堂教学改革的要点之八是课堂教学资源的优化，表现为教师逐渐树立起资源的意识和观念，不再将自己当作唯一的教学资源，而是将课堂教学方方面面的潜在资源提升到显在的层面上，围绕教学要求加以挖掘、利用、整合，从而使教学更好地体现素质教育与新课程的要求。

“挖掘资源，盘活存量”，这本是经济领域中常用的一句话。这句话，对课堂教学改革来说，同样适用。我们说，课堂要成为师生互动的园地，学生自主合作探究的乐园，师生共同成长的阵地。要达到这些要求，教师就不应将自己当作唯一的教学资源，而是要充分注意到与课堂教学相关联的一切事物都有可能成为教学的优质资源，关键是要把这些资源挖掘出来，整合起来，为当下的教学服务。

学生是重要的资源。不要仅仅因为他们是“学生”，教师就想当然地以为，他们只能处在“学”的位置，只能坐等教师将相关知识传授给他们。其实他们完全可以充当“教”的角色，体现自身“教”的价值。当学生文化日趋明显，文化反哺以及教育反哺成为常态的时候，“生不必不如师”已成为共知的事实。在这种情况下，转变单一的“学”的角色，让学生也担当起“教”的职责，就成为教师利用学生资源的重要方面。

其他学科相关知识是重要的资源。理解本学科知识，除了把握本学科内部各知识要素之间的关系，还应充分关注其他学科知识的进度及相关知识点，因为这些知识对于认识本学科知识以及形成学生对知识的整体性认识至关重要。所以，教师除了关注本学科之外，也要有一双发现资源的眼睛，去观察、思考其他学科可否为本学科教学提供支撑，可以在哪些方面以何种方式实现学科间的联系。

网络是重要的资源。现在的学生生活在三个世界，而不是以往的两个世界。一个世界是书本世界，以语言符号为载体；一个世界是生活世界，以真实存在为特征；还有一个是网络世界，以虚拟现实为表现形态。三个世界都蕴含着无尽的教育资源，需要教师挖掘利用。尤其是网络，现在已成为学生获取外部世界信息的重要途径，教师也理应将其纳入教学的视野内，将这些“体制外”的信息加工整合进教学“体制内”来。否则，学生不仅缺少了许多掌握知识的途径，认识世界也存在了一定的欠缺，而且会进一步割裂对三个世界的认识，久而久之甚至有可能形成认知上的分裂。

社区、学校是重要的资源。社区是学生离开学校后主要生活的场所，学校是学生日常生活的所在。这两个公共生活机构中，有着一系列教育教学的资源，教师可以与学生一道对这些资源加以分析、利用。事实也证明，当这些资源被引入课堂，成为教学的有机组成部分的时候，学生的学习热情、探讨态度、钻研精神等都会产生积极的变化。

资源无处不在，关键是要发现资源，并且进而优化资源。一堂课不是把所有资源都吸收利用，也不是所有的课都必须利用相关资源，这就需要教师从教学的实际出发，从教学的预定目标出发，从学生接受知识的水平出发，从自己驾驭课堂教学的能力和风格出发，将这些资源巧妙地加以利用和整合，使资源与教学过程水乳交融地结为一个整体。

教学对象个别化

课堂教学改革要点之九是教学对象个别化，主要表现为教师从关注学生个别差异满足学生不同需求的立场出发，在课堂教学中将每个学生当作具有独特生命价值的个体来看到，区分学生不同情况，有针对性地实施教学，使每个学生都能在课堂上获得发展。

个性、差异性、多样性是与创造性和创新紧密结合在一起的，没有个性，漠视差异，忽略多样，也就没有了创新。从这个意义上说，关注学生个别差异，实施个别化教学是关系到创新人才培养乃至建设创新型国家的大事。“孔子施教，各因其材”，两千多年前，孔子能做到的事情，在今天成了教育界的一大难题，这似乎有点不可思议。其实，仔细分析当今教育面临的场景，回顾教育的发展历程，出现这样的问题也就不难理解了。孔子所处时代，能够接受教育的人是少数中的少数，实施的教学方式是师徒制，也就是一对一地进行教学。颜回什么特点，子路什么表现，宰于在做什么，孔子了然于胸，他可以在自己的教学中有针对性地进行知识授受与开导。而工业革命以后，教育中最大的变化就是兴建了工厂式的学校，改变了原有的一对一式的教学，班级上课制这一类似工业流水线的方式在教育中应用开来。当教师一对一教学改为一对多的时候，要想统筹兼顾不同学生的情况，根据不同学生的学习特点进行教学，就成了一个突出的矛盾和难题。

教学改变“近代化的工厂运作模式”，变革“工业流水线”的运作规程，是学生身心发展的需要，是建设创新型国家的需要，是教育实现自身价值的需要。不少教师总是感觉在班级上课制尤其是大班额教学的情况下，无法做到针对教学对象的个别化进行教学，在我看来，并非完全不能为，而在很大程度上是不想为。当我们在课堂上围绕某一难题，给学生留有探讨空间，学生都可以根据自己的思考说出不同解决问题方法的时候；当我们在课堂上留意学生不同表现，对这些表现进行原因探寻并给出不同的教学安排的时候；当我们允许并鼓励学生在课堂上坦陈己见，具有不同的表现形态的时候，实际上我们就是在实施着个别化的教学。班级上课制并不是与个别化教学完全对立的，而是在统一中体现个性，在个性中关注统一性，恰恰考验的是教师的智慧与本领。

从今天来看，我们在教学个别化上的经验还不够丰富，办法还不太多。分层教学等在这方面积累了一些行之有效的做法，但总体上能够在面上推广并且为大家共享的智慧还有待强化。在教学设计时，头脑中装的不是全班模糊了的学生形象，不是把学生看作抽象的群体；在教学实施时，有意识地去分析不同学生的不同情况，而且将这些情况作为后续教学的基础；在教学反思时，捕捉自己对待不同学生的成功做法与需要引起注意的教训，探讨区别对待学生的不同途径，我们就会越来越接近对学生的个别化施教。

教学评价多样化

课堂教学改革要点之十是教学评价多样化，表现为课堂教学中教师越来越注重运用评价这一杠杆，激发学生学习动机，激励学生学习行为，通过多样化评价手段、标准等的应用，使学生更积极主动地参与课堂教学活动，真正在课堂教学中有所获、有所得。

评价在教学活动中占据着重要地位，它发挥着激励、规范、引导等一系列作用。在课堂教学活动中，评价手段运用得当，可以使学生保持较高的学习热情，促使学生一步步走向优异和卓越；反之，则会压制学生学习热情，降低学生学习动机，弱化学生学习兴趣，最后使得学生有可能逐渐拒斥课堂参与活动。

教学评价多样化，有着形形色色的表现形式。

评价主体多样化。教师不应把自己当作唯一的评价主体，其实，学生也是重要的评价主体。在今天，文化反哺日趋常态，学生占有的文化信息日益丰富，他们也完全可以承担起评判其他同学甚至评判教师的职责。学生之间的相互评价，学生对教师的评价，都会成为重要的评价方式，成为重要的教育资源。

评价形态多样化。随着素质教育的实施，广大教师越来越注重用积极性的外在表现的方式评价学生，有时，在一堂课上，教师会接二连三地称赞学生“好”、“很好”、“真不错”。这样的称赞多了，也就无法起到激励学生的作用。在某些情况下，将评价形态由显在状态转化为隐性状态，反而倒能起到较好的效果。比如，对学生精彩的回答予以重复和强调，给某个表现出色的学生一个微笑等等。

评价标准多样化。在课堂上，教师多了几把评价的尺子，眼中也就多了几个好学生。关注学生个别差异，是对当今教师教学的基本要求，这一点也应体现在评价标准上。对不同的学生，提出不同的要求，针对达到要求的情况，予以不同的评价标准，对学生的学习来说至关重要。

评价内容多样化。课堂上的评价不应仅限于学生完成教学任务、学习教学内容的情况，学生之间的互相帮助，学生大胆的质疑，学生积极主动参与课堂等，都应该成为评价的内容。教师在教学设计以及教学反思中，都应将这些内容作为自己思考的对象。

多样化的评价，促成多样化的课堂。将评价置于多样化的背景下有意识地加以设计和考量，是当今教师在课堂教学改革中需要强化的一个方面。